中国之物小丛书

宗启新

执行主编／贺云翔

漆器

熊玮 著

CHINESE HISTORICAL
RELICS SERIES,
LACQUER WARE

飞天出版传媒集团
甘肃文化出版社

图书在版编目(CIP)数据

中国文物小丛书. 漆器 / 朱启新主编；熊玮著. ——
兰州：甘肃文化出版社，2012. 12
ISBN 978-7-5490-0388-4

Ⅰ. ①中… Ⅱ. ①朱… ②熊… Ⅲ. ①文物—基本
知识—中国 ②漆器(考古)—基本知识—中国 Ⅳ. ①K87

中国版本图书馆 CIP 数据核字(2013)第 000812 号

漆器

熊玮 ┃ 著

责任编辑 ┃ 王　　俊
责任校对 ┃ 陈光辉
装帧设计 ┃ 陈晓燕

出版发行 ┃ 甘肃文化出版社
网　　址 ┃ http://www.gswenhua.cn
投稿邮箱 ┃ press@gswenhua.cn
地　　址 ┃ 兰州市城关区曹家巷 1 号 ┃ 730030(邮编)

营销中心 ┃ 王　　俊　　贾　莉
电　　话 ┃ 0931-8454870　　8430531(传真)

印　　刷 ┃ 三河市明华印务有限公司
开　　本 ┃ 787 毫米×1092 毫米 1/32
字　　数 ┃ 121 千
印　　张 ┃ 6
版　　次 ┃ 2014 年 12 月第 1 版
印　　次 ┃ 2017 年 10 月第 2 次
书　　号 ┃ ISBN 978-7-5490-0388-4
定　　价 ┃ 28.00 元

总序 | 贺云翱

人类在漫长的历史进程中创造了无数的文化财富，保存到今天的物质形态，被我们称之为"文物"，实际上就是"文化遗物"，广义上可以称之为物质形态的"文化遗产"，它与非物质形态的文化遗产共同构成了人类的文化遗产体系。

包括"文物"在内的文化遗产是人类进行现代化建设的基石，具有重要的科学研究、历史教育与见证、艺术欣赏与创作、文化传承建设与文化多样性发展、情感认同与良好情操培育、经济开发特别是文化产业及旅游业开发、生态文明建设与可持续发展等广泛价值，因而受到各国政府和民众的高度珍惜、保护与认知。然而，"文物"作为历史的产物，毕竟与今天的生活环境、语境等有着较大的差异，没有专门的知识和概念理解，我们很难把它融入到现代社会生活和文明建设活动中，为此，学习和普及文物知识成为当代文化教育和创新思维训练的重要任务之一，同时也是实现文化遗产现代价值的必要途径之一。

中国是一个有着百万年历史的文化大国和5000年文明历史的文明古国，中国文物可谓博大精深，知识体系浩瀚广阔。面对当前正在建设社会主义文化强国的历史性任务，为了有利于广大青少年学生和社会上的非专业人士学习和掌握文物知识，甘肃文化出版社与南京大学文化与自然遗产研究所合作，组织编写《中国文物小丛书》，按照文物的特质或功能特征及逻辑发展结构，分门别类地对"文物"及相关知识进行梳理，编写成书，逐步出版。希望这套丛书对普及文物及文化遗产知识，提升阅读者对中国古典文化和中国文明体系的认知水平，培育文物艺术欣赏能力，汲取深广的文化营养并作用于文化传承与文化创新事业有所贡献。

中国还是一个有着悠久的文物研究传统的国家。至少从北宋开始，就已形成了文物研究的专门学科——金石学；大约在19世纪初叶，从西方国家又传入了现代考古学。一代又一代的金石学家、考古学家、文物学家以自己的辛勤劳动与杰出智慧，为我们今天编写这套丛书提供了大量可供参考引用的基础性研究成果。在此，我们向他们以及相关成果的原出版机构表示衷心感谢！在丛书编写过程中，原文物出版社《文物》编辑部主任、文物研究专家朱启新先生付出了巨大心力，我们对他表示深切的敬意！我们还要感谢甘肃文化出版社给予中国文物学术事业及文物知识推广普及事业的热情投入！感谢南京大学考古与艺术博物馆、南京大学考古学资料室及南京大学图书馆、中国社会科学院考古研究所资料室等对我们的编写工作所提供的大力支持！

是为序。

2013年4月8日写于南京大学文科楼

目录 | Contents

中国古代漆器的发展

漆树和漆

一、漆是什么

　　漆是人们生活中经常接触到的一种涂料，漆的主要成分是从漆树上获得的。漆树属于漆树科，是一种落叶乔木，高达二十多米，树皮灰白色，粗糙，呈不规则纵裂，每年秋冬季节或干旱季节树叶就会全部掉落。割开树干韧皮后，会流出一种乳白色或者乳灰色的汁液，这就是生产漆的原料，一般称为生漆或者天然漆，俗称大漆。生漆的主要成分是漆酸、蛋白质淡气、胶质和水分。漆酸也叫漆酚，是一种油状有机液体；蛋白质淡气也称蛋白酶，是催化蛋白质中肽键水解的酶。在生漆中，它们所占的比例分别为68.61%、1.89%、6.78%、22.72%。由此我们可以看到，生漆中主要成分是漆酸，因此漆的性质主要是由漆酸（漆酚）决定的。漆酸（漆酚）与皮肤接触后会导致皮肤过敏起疹等症状。

二、漆树的生长和性质

　　漆树的分布很广泛，产于亚洲东部，中国产量最为丰富，主要产地有贵州、四川、云南、湖南、湖北、江西、安徽、陕西、河南等省。漆树喜欢阳光充足的地方，喜欢温暖湿润的气候以及深厚肥沃而排水良好的土壤，在酸性、中性以及钙质土上均能生长。不耐干风和严寒，以向阳、避风的山坡、山谷处生长为好。不耐水湿，土壤过于黏重特别是土内有不透水层时，容易烂根，甚至成为死树。在适合生长的地区，生长得比较快，15年能长到树高约8米，胸径约40厘米。通常生长5~8年，胸径达到15厘米的时候就可以采割漆液。生长约40年后逐渐开始衰老，一般能活到七八十年以上，少数寿命可超过百年。漆树萌芽的能力较强，树木衰老后，会萌发新芽，又开始了新一轮的生长。

漆树是我国重要的特用经济树种，漆液是天然的树脂涂料，素有"涂料之王"的美誉，漆树还可以萃取漆蜡，漆树籽还可以榨油。漆树木材坚实、生长迅速，是一种作为天然涂料、油料和木材多用树种。漆液虽然用处很大，但也存在毒性。对生漆过敏的人如果皮肤接触生漆会立即引起红肿、痒痛等，误食的话则会引起强烈刺激，例如口腔炎、溃疡、呕吐、腹泻等，严重的还会发生中毒性肾炎。

图1　漆树

三、色漆的配制

生漆与空气接触后，会立即发生化学反应，灰乳色汁液的表面会变成赭色，干涸后进一步氧化变成褐色，非常坚固，并具有耐酸、耐热、耐磨和绝缘等特性，还具有防腐蚀、防渗透、防潮和防霉等性能。经过提炼和加工，生漆可以配制出半透明漆和有颜色的漆，也就是色漆。人们常常将色漆涂在各种质地的器物表面，既可以防潮防虫，又可使之坚固美观。

我们今天所看到的各种漆器上的颜色，是用熟漆和金属氧化成分的色料（即矿物质）混合而成的。处理熟漆的过程非常简单，首先滤清生漆内的杂质，然后将生漆内的水分除去30%。如果按照古代方法将生漆置于木桶内，放在阳光下用木棒搅动使其水分慢慢蒸发，直到生漆由灰乳白色转变成淡棕色便成熟漆。

配制色漆就是将熟漆与矿物质混合而得到的，不同的矿物质与熟漆混合后能形成不同的色漆，例如：

黑漆，加氢氧化铁，古法配制黑漆，大多加铁水。

白漆，加铅粉。

朱漆，加朱砂。

栗壳漆（栗色漆），加朱砂和黑漆混合。

绿漆，加蓝靛及雄黄混合。

黄漆，加镉或石黄。

金漆，加金粉。

银漆，加银粉。

以上各种颜料，按照一定方法配合，就可以得到日常所需要的各种色漆了。

四、我国古代的漆和漆树

我国古代对漆的应用十分广泛，在周代时，漆工制品已经非常完备，包括日常用品、交通工具、礼乐用器、兵戎武器、棺椁葬具等，很多地方都需要用到漆。将漆涂在需要的地方，则称"髹漆"。

漆的用途如此广泛，对其原材料的需求也就必然增多，因此，从古代开始，漆树就是十分重要的经济作物之一。这在一些古代文献中有记载，《尚书·禹贡》中就有"兖州、豫州贡漆"的记载。书中的兖州大概相当于现今山东省的西北部以及河北省的东南部，豫州包括现今河南及湖北省的北部。这说明古时相当于夏代就已经有经济漆林的经营，并以生漆作为贡品。根据《史记·老子韩非列传》中记载："庄子者，蒙人也，名周。周尝为蒙漆园吏。"这说明早在东周时期，政府方面就已设立了漆园，并设立专门的官职进行管理。战国时期的哲学家和文学家庄周就曾经做过"漆园吏"这个官职。汉代的制漆业相当发达，因而国家也十分重视漆林的经营，《金石索》中所记载的印玺中就有"常山漆园司马""漆园司马"两颗汉代的印玺，说明漆园司马是当时设立的一个官职，对漆园相关的事宜进行管理。汉代以后，漆树一直被作为重要的经济作物加以栽植。唐

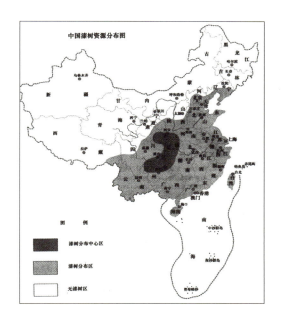

图2　中国漆树资源分布图

代著名诗人王维，在他的庄园内就设有"漆园"。北宋末年著名的"方腊起义，漆园誓师"，就是在睦州青溪，也就是现在的浙江淳安县的一个大漆园内进行的，由此可以看到当时的漆园规模巨大，漆树生产在社会经济上具有重大的意义。明清以后，随着社会经济的进一步发展，政府对漆的生产和漆树的种植十分重视，除了设立专门的漆园进行种植生产，专门的部门和官职进行管理之外，甚至设立皇家漆园，以表示对漆树种植生产的提倡。

据考古发掘报道，我国最早的漆器可以上溯到七千多年前的新石器时代。在此后各个时期的墓葬或者遗址中都或多或少有漆器出土，时代不同，出土漆器的品种、造型、工艺、数量、规模、风格等都不一样。

五、天然漆与人造漆

天然漆虽然能够直接应用，但由于含有较多的水分，所形成的表面的透明的漆膜在色泽、透明度等方面都比较差，髹漆之后装饰效果不好，一般都要进行进一步的加工，对其进行精制。随着近代科技的发展，产生了现在普遍见到的人造漆。作为一种涂料，天然漆不同于人造漆。虽然有的人造漆中可能也含有一定的天然成分，但是其性质和原理与天然漆已经有了很大的差别。人造漆在古代是没有的。

漆器工艺

一、什么是漆器

　　所谓"漆器"是指采用天然漆或者经过精制加工的天然漆所涂饰的器物，其被涂饰漆的胎骨可以多种多样，包括木胎、夹纻胎、布胎、竹胎、金属胎、陶胎、皮胎等。

　　"漆器"这一称谓较早的见于《汉书·禹贡传》，书中说到"三工官官费五千万"，如淳作注："《地理志》河内怀、蜀郡成都、广汉皆有工官。工官，主作漆器物者也。"意思是说《汉书·禹贡传》中所记载的"三工官"在《地理志》中有更加详细的解释，这就是河内怀、蜀郡成都、广汉三个地方的三个管理手工业的官职，他们是主要从事漆器生产的人。汉代还将漆器称为"木器髹者""扣器""纻器"等。

　　将提炼后的漆液涂在各种器物的表面，制成日常器具和工艺品，这样的技术并不复杂，因为我们的先民很早就懂得制造和使用漆器。漆器是中国古代先民的伟大发明之一，经过数千年的丰富、完善和发展，漆器已经成为举世瞩目的珍贵的工艺品。这与漆器的轻灵、坚固、耐用以及易于装饰的特性是分不开的。

二、中国古代漆器的
有关记载

中国古代是何时开始制作和使用漆器的？前面说到根据《尚书·禹贡》的记载，早在夏代就有种植管理漆树园，并将生漆作为贡品。直接与漆器有关的文献，《韩非子·十过》中记载："尧禅天下，虞舜受之。作为食器，斩山木而财之，削锯修之迹，流漆墨其上，输之于宫，以为食器，诸侯以为益侈，国之不服者十三。舜禅天下而传之于禹，禹作为祭器，墨染其外，而朱画其内……"说明夏代之前的尧舜时期就已经用漆器作为饮食的器具了，并且从文中可以看出，这在当时是十分奢侈的事情，因而引起诸侯不满。可见生漆的获得并不是那么容易的，可能漆树的种植在当时就是一件比较困难的事。

明代嘉靖、隆庆年间，新安（今安徽南部黄山市一带，古也称徽州）名匠黄成撰写了一部关于漆器的专著《髹饰录》，是介绍关于古代髹器工艺的一本十分有价值的著作，也是现存唯一的一部古代漆工专著，在现在来看仍有非常重要的影响。明代末期天启年间的漆器名手杨明在为该书所写的序言中说："漆之为用也，始于书竹简，而舜作食器，黑漆之。禹作祭器，黑漆其外，朱画其内，于此有其贡。周制于车漆饰愈多焉，于弓之六材，亦不可阙。皆取其坚牢其质，取其光彩于文也。……"最初使用生漆是用于竹简的，大概能起到防虫、防腐的作用，利于保存。舜禹时代已经在食器和祭器上面涂漆，距今大约四五千年。根据科学的考古发掘证明，早在七千多年前新石器时代的河姆渡文化遗址中，就发现了原始先民使用的漆器，更是令人惊异不已。

漆器工艺

三、漆器工艺的分类

　　前面已经介绍了的明代黄成的《髹饰录》是一部古代漆器相关的专业性很强的工具书，为古代漆器的定名和分类提供了可靠的依据。当代潜心于中国漆器研究的王世襄先生，经过二三十年的努力，以严谨的科学态度，通过对古代漆器的分析研究和对现代漆器工匠师的请教访问，以及对历史文献的搜集印证，比照漆器实物和照片资料，写出了《髹饰录》解说，以通俗易懂的语言，对《髹饰录》作了深入浅出，全面详细的注释、讲解和研究。并以黄成《髹饰录》为依据，在分类和命名上作了一些适当的省略和归纳、调整和变通，把比较接近的种类加以合并，突出那些传世文物较多的品类，省略那些传世文物少，甚至至今未见的品类，以求符合古代漆器存留的实际情况。同时，使用了比较通俗易懂而不见于《髹饰录》的名称。

根据王世襄先生的研究和总结，古代漆器的品类主要分为：一色漆器、罩漆、彩绘、描金、堆漆、填漆、雕填、螺钿、犀皮、剔红（包括剔黑、剔黄、剔绿、剔彩等）、剔犀、款彩、戗金、百宝嵌共十四类。这些分类主要是以明、清常见的漆器进行归纳的，同时，王先生又强调，集多种髹饰方法为一体是明、清漆器的主要特点。但是一个漆器具备不同的髹饰方法，在品类归纳上具有一定的困难，所以黄成在《髹饰录》中又开辟了"斒斓""复饰""纹间"等门类来容纳，而王先生则把这种用多种髹饰方法装饰的漆器，按照其主要髹饰方法进行归类，从而达到化繁为简的效果。漆器的定名，自然是依照其工艺制作的特点来确定的，因而从名称上可以体会到其工艺的特点。

本书划分古代漆器的类别，是以上面介绍的王世襄先生的分类为依据。这些类别品种，虽然是明、清常见的髹饰方法，但它们大多在明代以前的某个时期就产生和出现了，并且经过各个时期的发展和改进逐渐完善，到明清时代则更加精美，达到了极高的艺术成就。

（一）一色漆器

一色漆器是指器物表面上只髹一种颜色的漆器，因其通体光素一色，不加任何纹饰和花纹，又被称为"光素漆"。质色，就是指这种漆器本身质地的颜色。根据质色的不同，一色漆器有"黑髹""朱髹""黄髹"、"绿髹""紫髹""褐髹""金髹"等各种。有时会出现一件器物上漆层表面的颜色和底下的漆层颜色不一样的情况，或者虽然表里同色，但是器物足的内部颜色不一样的情况，我们仍称之为一色漆器。

图3　南宋　黑漆瓣式盘
高 2.6 厘米　直径 15.5 厘米　坂本五郎先生捐赠
现藏于台北故宫博物院

花瓣式，圈足，口沿外撇，镶金属框。胎轻，盘薄，漆色深褐，透明而润，花形瓣瓣相叠，盘心略低，造型优雅，和同时代的瓷器如景德镇的青白瓷、定窑的白瓷有相同的美感。宋人杂记中，不论北宋开封或南宋临安，都城御街林立的名家行铺中都少不了温州漆器铺，宋代墓葬亦出土众多的单色漆器，说明漆器普及，是宋人高级的日用品，价值不菲。

漆器工艺

一色漆器可以说是最普遍、最广泛使用的漆器了，因为它的加工工艺比较简单，是漆器中最古老、最普通的品种，古时多用于日常生活用品，如碗、盘、瓶等。魏晋南北朝以后，制作工艺日益讲究，漆器表面打磨光滑，色泽优雅沉着，别有一番美感。宋代一色漆器最为流行，漆色以黑色为主，兼有红、黄、赭、褐等。从考古发掘来看，从原始社会到以后历代均有发现，颜色主要以朱、黑、紫色比较常见。明、清时代的漆器多在一色漆器上施以纹饰，比较多地用于小件的用具以及书案上的文具玩物等，也有的是在一色漆器上雕刻较浅的线条，从而构成绘画的做法。

"金髹"也叫"浑金漆"或者"贴金漆"，即在器物周身贴金箔的做法。"浑"字在这里的意思是"浑然一体"，北京的漆器匠师也称之为"明金"，即金箔上不再罩一层透明的漆，以区别另外一种金面上还罩一层透明漆的"罩金漆"。

金漆的做法是在黄色、朱色、黑色等的底漆（也就是常说的糙漆）表面刷一道粘漆，

图4　清　金漆地彩绘山雀桃花纹杯

叫做"打金胶"，然后把金箔或金粉粘贴上去。金漆常见的实物以佛像居多，也有漆匣、盘、碗、盒等。

(二) 罩漆

所谓罩漆，就是用透明的漆，漆在各种不同漆地的器物上，犹如被透明漆罩了一层。被透明漆罩的不同漆地，有的是一色漆器，有的是有纹饰的漆器。因罩漆下面漆地的底色不同，而有种种不同的名称，有罩朱髹、

图5　清　彩漆团龙圆盒

罩黄髹、罩金髹、洒金几种做法，统称之为罩漆。

　　由于在原有漆地的表面罩了一层透明漆，表面显得光亮润泽，原有漆地的花纹也在这层透明漆下被衬托得格外雅致。但因罩了一层透明漆，其透明漆下层的漆色比不罩的要深一些。明、清宫廷中的罩金髹较多，如北京故宫太和殿、乾清宫的宝座及屏风就是罩金髹的实物，许多宫廷用小件器物也是用罩金髹方法制成。罩金髹的金漆是在透明漆的下面透出的金色的光彩，与上面介绍过的

"明金"存在明显差别，需要注意区分。除了色泽和质感的特点外，罩漆还有一个显著的好处就是它保护了漆地的色泽不易褪色或者磨掉。

洒金，又名砂金漆，也就是有的人常称的"洒金地"（或者"撒金地"），是指在色漆地上贴金片或者撒金屑，上面再罩以透明漆，使带有金点或金片的漆地，透过罩漆透出金色光润的色泽的做法。金片或者金屑有大有小，有疏有密，使得漆器外貌呈现出多种多样的变化。有一种洒金漆的金屑细小如点，洒得很密，罩上漆以后，闪闪发光，只有细看才能分辨出是由细小的金点聚集在一起形成的。北京的文物界称这种洒金地为"金克螂地"，意思是宛如闪金光的硬甲虫。洒金一般都是用来做器物的地子或里子，上面再施加各种纹饰，很少单独作为器物的装饰存在，清代非常盛行这种做法，北京故宫博物院中收藏的漆器中就很常见，现在福建漆器中还常用这种方法，在日本漆器中则更为常见。

还有一种"描金罩漆"的做法，是在漆

地上（朱漆、黑漆、黄漆等）描绘金色花纹，有的在花纹边缘用墨或黑漆勾纹理，上面再罩一层透明漆。

（三）描漆

描漆又称"彩漆""描彩漆"，就是在光素的漆地上，用各种色漆描画花纹的装饰方法。它是早期漆器中比较常见的漆工艺，也就是在光素的漆地上，用红、黑、蓝、黄、褐等颜色的漆，采用单线勾勒（单线条勾勒图案）、平涂设色（在用线条勾勒的范围内平铺涂画所需颜色）等方法描绘出线条流畅、浓淡相宜的颜色。在黄成《髹饰录》中又名"描华""设色画漆"。

用这种装饰方法的古代漆器主要有几、案、箱、床、屏风等家具；豆、耳杯、勺、盘、俎、酒注、樽等饮食用具；盒、奁、盂、壶、梳、篦、棋、虎子等生活日用器具；削刀、简牍、文具箱等文具，另外还有座屏、摆设等陈设用具以及乐器、兵器、车马器、丧葬用具等。描漆的装饰图案有几何纹、人物图案、动物纹等。描漆制品的胎多为木胎。

漆器工艺

（四）描金

描金又名"泥金画漆"，也有称其为"描金银漆装饰法"的，是在漆器表面，用金色描绘花纹的装饰方法。在黑漆地上描金最常见，其次是朱漆地，然后是紫漆地，在其他颜色的漆地上描金的较少见。

描金一般的做法是在黑色或者朱色等漆地上先用金胶描绘花纹，趁它还没完全干透时，把金箔或者是金粉粘贴上去。描金的原料有的只有一种金箔，有的用两三种金箔。用一种金箔的花纹金色一致，用两三种金箔的，工匠会利用这两种或三种金箔不同的颜色、纹理、质感等，分贴不同的花纹，使金

图6
清　彩漆描金龙纹长方匣

图 7 清 黑漆描金"百寿"字碗

色花纹深浅不一，呈现色泽的变化，从而带来更丰富的层次效果，这有点像绘画中"设色"的感觉，《髹饰录》中把这种装饰方法称作"彩金象"。还有一种装饰方法虽然只用一种金箔，但利用贴金的数量、厚薄等，使花纹呈现出深浅浓淡不一的层次感和立体感，一般多用来描绘山水峰峦、阴阳向背、光线层次等，都可以用金色的浓淡厚薄来表现，这种做法也常被北京的工匠师称为"搜金"。

描金这种原本用于漆器的装饰方法，在

釉上彩瓷发明以后，也被较多地使用在瓷器
上，尤其是明清以后使用更加广泛。

图 8　清　黑漆描金藤萝纹圆盘
　　高 5.2 厘米，口径 34.1 厘米　现藏于北京故宫
博物院
　　盘木胎，圆形，浅式，圈足。通体黑漆地饰彩金象
描金花纹，盘内右侧一虬枝松树逶迤句上，藤萝盘绕
树身。下为玲珑的太湖石、灵芝和盛开的玫瑰。外壁
亦饰藤纹。口沿及足均饰连续回纹。外底中央镌刻填
金楷书"乾隆年制"双行四字款。
　　该盘造型周正大方，盘内装饰图案浑然一体。松
树、藤萝和山石分别采用深浅不同的三色金描绘而
成，呈现出色泽的变化，犹如绘画中的设色，具有较
强的装饰性，为乾隆时期黑漆描金的代表作品。

（五）堆漆

堆漆是指用漆或者漆灰在器物表面堆起花纹的装饰技法。这也是一种古老的装饰方法，早在汉代就已经出现，唐宋以后有了较大的发展，明清时期则更趋于成熟。堆漆有好几种做法，一种是表面堆起的花纹与漆地的颜色不同，并且用不同层次的几种漆色互相交叠累堆，堆成的花纹侧面显露出有规律的色层，这与后面将要讲到的剔犀效果很像；另一种是用漆或者漆灰堆漆花纹，然后上漆，也就是将堆漆花纹与旁边漆地一起上漆，这样花纹与漆地为同一颜色，而显现出如同浮雕般的效果。

《髹饰录》中的堆漆的装饰方法包括"识文"和"隐起"两种，"识文"中的"识"是"高起"之意，就是用漆或者漆灰堆漆花纹后，不加"雕琢"；而加饰雕琢的则被称为"隐起"。这两种漆器装饰方法都是用堆漆堆起凸出的纹饰，再在堆起的纹饰上涂饰色漆，较常见与描金结合使用，形成堆漆纹饰上加描金色花纹的效果，这种方法常被称作"识文描金"或者"隐起描金"等。在识文描金中最为富丽堂皇的要数泥金识文，其做法就是通体上金漆，不露漆地。而"隐起识文描金"是在"识文描金"的基础上，再用刀雕琢髹饰花纹，然后再贴金。

（六）填漆

填漆也就是填彩漆，就是在漆器表面阴刻出花纹后，用不同颜色的漆填入花纹，待其干后将表面磨光滑。

根据黄成《髹饰录》和杨明注释中关于填漆的介绍，填漆有"磨显"和"镂嵌"两种做法。磨显填漆就是在上完生漆、磨去灰

图 9　明　宣德款填漆秋葵方盒

图 10　明　填漆牡丹圆盒

漆器工艺

浆，也就是"糙漆"之后，在进一步精细髹器的"麲（pào）漆"之前，在漆器表面用稠漆堆起花纹轮廓，然后在花纹轮廓内填上色漆，轮廓之外也用漆填平，这样就使得通体又处在同一平度上，然后再对器物表面进行打磨光滑。简单地概括这种工艺可以说是先堆轮廓后填色地的做法。

　　与磨显填漆"先堆后填"不同，镂嵌填漆是用"先刻后填"的方法做成的。也就是在漆之后，直接在漆地上镂刻出低陷的花纹，再在低刻内填入色漆，经打磨而成。

（七）雕填

雕填工艺，是先在填漆的方法做好的花纹轮廓外用刻刀勾划出阴线的纹理，并在线内填以金粉。比单纯的填漆来说，整个画面更加丰满，具有色彩华美，构图饱满流畅的艺术特征。从实物来看，也有不是用刀刻而是用色漆画成的，但都是用刀沿着花纹图案的轮廓刻划纹路，再填以金漆。根据《髹饰录》称二者不同，分别叫做"戗金细钩填漆"和"戗金细钩描漆"。"戗金"又称"沉金""枪金"，是在漆器上刻划出金色线条或者细点的装饰技法。

戗金细钩填漆，是在漆地上按照所需要的图案，刻划出低陷的花纹图案，然后在刻划的低陷线条内填上色漆后再经打磨，使其花纹表面光滑平整。然后沿着花纹轮廓及纹理用刻刀勾勒出纹路，再在刻划的阴线中打上金胶填金，使原本的填漆花纹具有金色的阴文边框和纹理。

戗金细钩描漆，是用彩漆在器物上画花纹，然后用刀沿着花纹的轮廓及花纹间的纹理刻划出纹路，然后打金胶再填漆，使描漆花纹有金色的阴文边框和纹理。

这两种做法虽有不同，但其外貌却十分相似，需要经过仔细观察才能分辨得出，因此现在文物业把二者统称为"雕填"。

（八）螺钿

螺钿，又称"螺甸""螺填""钿嵌"，是指将贝壳或者螺蛳壳制成小片，镶嵌在漆器或者木器表面需要装饰的地方的这样一种工艺技法。它是中国特有的艺术瑰宝。贝壳或者螺类的种类很多，颜色复杂而美丽，且有珍珠般优美的光泽，镶嵌在光滑的漆器表面，与周围润泽光亮的漆色相互映衬，有非常独特而秀丽的艺术效果；也用于金属和其他表面的装饰。螺钿工艺在周代已经流行，唐代时从中国传入奈良时代的日本和统一新罗时代的朝鲜半岛。

螺钿一般可以分为厚螺钿（硬螺钿）和薄螺钿（软螺钿）两种。厚螺钿壳片较厚，因此又称"硬螺钿"，薄螺钿可以轻薄如纸，又称"软螺钿"。贝壳或者螺经过加工处理，剥离成光泽色彩的薄片，按照所设计的图案，

漆器工艺

图 11　元　黑漆嵌螺钿花鸟纹舟式洗

裁切成不同的形状，粘贴到器物上。也有根据所设计图案的不同部位，采用壳片的不同色泽，镶嵌到漆器表面，《髹饰录》中谓之"分截壳色，随彩而施缀者"。螺钿工艺在明、清两代非常盛行，尤其是薄螺钿的发展，达到了惊人的程度。

　　螺钿还常常与莳绘结合装饰漆器。莳绘就是一种用金银粉在漆器上贴出图案和花纹的漆器工艺。螺钿与金银薄片共用的技法叫做平脱，是莳绘的前身，但莳绘工艺比平脱工艺更为先进，制出的纹饰更为美观。

图 12　明末清初　螺钿牡丹圆盒　现藏于台北故宫博物院

　　高 3.8 厘米,直径 13.0 厘米。黑漆圆盒,胎薄,盒盖以螺钿作牡丹蜻蜓图饰。外圈一圈连续如意形纹,圈内作牡丹花卉,地平线下以细碎的螺钿表现土壤,右侧两颗石头后面长着两株牡丹,微曲的枝干,对生的掌状叶相互落错,在枝干末梢各绽放着一朵盛开的牡丹,花丛下一簇簇圆形小花,一旁蜻蜓正弯身下降,一派春天的景致。螺钿薄,颜色多彩,做工精细。

图 13　清　黑漆嵌螺钿嬉戏图箱

(九) 犀皮

犀皮又称"虎皮漆"或者"波罗漆",做法是先用石黄加入生漆调制成黏稠的漆,然后涂抹到器胎上,做成一个高低不平的表面,再用手指将漆推出一个个突起的小尖。把涂有稠漆的器物放在阴凉处干透后,上面再一层一层地涂上多层不同颜色的漆,使各种颜色的漆层相间,通体磨平后,器物的表面虽然是光滑的,但是由于不同颜色的漆层原本高低不平,磨平后便形成类似松鳞状一圈一圈的花纹,纹路流畅如行云流水,色泽灿烂又富于变化,非常美观。

(十) 剔红

剔红,又名"雕红漆"或者"红雕漆",是指在器胎上先髹多层厚厚的红漆,少则八九十层,多达一二百层,直至一个相当的厚度,待其半干时描上画稿,然后再雕刻花纹。所雕刻花纹的厚度即为漆的厚度。所谓"雕漆"是一类工艺技法的总称,除了雕红漆外也有雕刻其他颜色的色漆,比如黄色、黑色、绿色、彩色等,还有上面介绍过的虎皮色,称作剔黄、剔黑、剔绿、剔彩、剔犀等，都属于雕漆的范畴，以剔红最为常见，数量也最多。但是剔红又常常与其他颜色的雕漆相结合，像剔黑、剔黄、剔绿、剔彩等，都少不了与剔红的配合使用。这里作为一种具有代表性的工艺技法，将剔红单独作为一类，其他几种技法相同仅是颜色不同的技法被归到剔红。

剔彩是多种颜色的运用，做法是在器胎

图 14　元　剔红水仙花纹圆盘

图 15　元　剔红观瀑图八方盘

漆器工艺

图 16　元　剔黑孔雀牡丹八瓣盘

图 17　元　剔红栀子花纹圆盘

上分层髹涂不同颜色的漆层，各色漆层均达到一定的厚度，然后用刀剔刻，根据花纹图案色调要求，需要哪种颜色，就将它以上的颜色剔去，露出所需色漆。其作品"随妆露色"，色彩绚丽富有层次感，具有独特的艺术效果。

图 18　明　剔红山水人物圆盒

图 19　明　剔黑行旅图方盒

图 20　明　宣德款剔红牡丹长颈瓶

图 21　明　永乐款剔红菊花盘　　　　　图 22　明　剔红花卉长颈瓶

图 23　明　永乐款剔红茶花圆盒

图 24　明　宣德款雕漆葡萄椭圆盘

图 25　明　剔彩菊花纹小圆盒

图 26　明　宣德款剔红七贤过关人物圆盒

漆器工艺

图 27　明　永乐款剔红栀子花圆盘

图 28　明　剔红凤凰牡丹图大圆盘

图 29　明　剔红泛舟图四层方盒

图 30　明　剔红牡丹圆盒

图 31　明　永乐款剔红秋葵圆盘

图 32　明　剔红茶花圆盒

图 33　明　剔红云龙纹长方盒

图 34　清　剔红鹦鹉牡丹八瓣盘　　　图 35　清　剔黄夔龙纹圆盘

图 36　清　剔黑湖石花鸟长方盒

（十一）剔犀

　　如上文所述，剔犀也是雕漆工艺的一种。具体做法是在器胎上先用一种颜色的色漆髹涂若干层，达到一定厚度，再换另一种颜色相同地刷成一定厚度的漆层，这样有规律地使两种或三种色漆层相间。这种做法有一点像犀皮，但是不是将其推出突起的小尖，而

图 37　元　剔犀如意云纹圆盒

图 38
元　剔犀云纹圆盘

图 39
元　剔犀云纹葵瓣式盏托

是用刻刀雕刻出各种花纹图案，这样在刀口
的断面显露出不同颜色的漆层，与犀牛角横
断面层层环绕的纹理相似，故名"剔犀"。一
般来说，剔犀不雕山水、人物、花鸟、虫鱼，
而是以线条简洁、流畅大方的回纹、卷草纹、

图 40
明 剔犀如意云纹葵花式盘

云纹等为主，形成流转自如，回旋生动的独特艺术效果，虽然与剔红同属雕漆范畴，但是与剔红相比，色彩比较丰富，风格更为古朴。剔犀在北京、山西等地又称其为"云雕"，日本则称之为"屈轮"。

剔犀的出现不晚于唐代，在宋、金时期已经发展到比较成熟的阶段，元代剔犀作品极少，明清以后进一步发展，盛行一时。

（十二）款彩

款彩是指在漆地上刻凹下去的花纹图案轮廓，然后把色漆或色油以及金或银等填入花纹轮廓之内的一种装饰技法，因为是在漆灰上打地子，雕刻时剔去的是漆灰，因此北

京地区的匠师又称之为"刻灰",扬州称之为
"深刻",苏州、上海则称之为"刻漆",文物
业内也称之为"大雕填",以区别于带戗金的
描漆或填漆器的"小雕填"。款彩工艺简单,
出品快,因此多用于各式大小插屏或屏风。

(十三) 戗金

戗金,又称"沉金""枪金",是一种在
漆器上刻划出金色线条或细点的装饰工艺。
具体做法是在漆器的漆地上,用针或刻刀尖
按照预先设定的花纹图案刻划出纤细的线条,
然后在凹进的刻线内填入金漆或打金胶再粘
贴金箔,形成金色线条状的花纹,这样整个
漆器便呈现金色线条构图的花纹图案,流畅
美观,富有立体感。

最早记载这种戗金工艺的文献见于《辍
耕录》。从考古发掘的实物来看,目前最古老
的戗金漆器是湖北光化西汉墓出土的两件漆
卮。戗金工艺在明朝时十分盛行,曾在元朝
时传入室町时代的日本,日本称之为"沉
金",在日本十分盛行并传承至今,但技法与
中国渐渐产生差别。中国戗金刻法多用针,

图 41　明　红地戗金八宝莲瓣纹经板　现藏于台北故宫博物院

　　高 3.4 厘米,长 72.5 厘米,宽 26.3 厘米。长方形经板,二片一组,经书上下的护板。对面一片的背面中央阴刻填金一莲瓣形龛,龛内书藏,汉文"律师戒行经第六品 / 分别戒律品"。经板中间较两侧厚,面作圆弧形,侧面饰狮面唐草纹,板面为三重长方形,二、三重的对角以斜线相连,框线高起。主要纹饰为外层一圈莲瓣与长方形内的八宝。八宝置于转枝番莲纹相连的莲座上,中央的宝瓶座上置三如意宝珠,光芒四射,向左右伸出枝叶,由左而右分别为法轮、伞盖、双鱼与宝瓶,另一片底板则饰伞盖、宝螺、莲华、盘长,共同形成八宝。漆色红润,漆层实,金色耀眼,戗金地阴刻细密工整,图案匀净,气度庄严。

常用粗细不同的针混合使用,而日本的刻法是用一种刻刀雕刻,刻出的效果类似用毛笔写字有抑扬顿挫,因此中国与日本制作戗金时线条所表现出的艺术风格并不一样。

　　戗金所用的材料既有金箔又有金粉,一般来说金箔优于金粉,因为黏敷金粉的色泽较粘贴金箔色泽更淡,粘贴金箔能与漆面形

图 42　明　戗金填漆牡丹龙纹菊瓣盘　　　图 43　明　戗金彩漆松竹梅图圆盘

图 44　清　彩漆戗金云龙纹葵瓣式盘

图 45　明　戗金填漆荷花圆盒

成强烈对比，装饰效果更佳，而且金箔价格较金粉低廉，所以使用金箔的情况较多。戗金技法除了使用金以外，也有使用银的，用银箔粘贴着。

（十四）百宝嵌

所谓百宝嵌，就是用各种经过加工的珍贵材料镶嵌在漆器表面组成各种花纹图案，从而达到突出构图主题和强化装饰效果的目的。它是在螺钿镶嵌工艺的基础上，加入宝石、象牙、珊瑚以及玉石等材料形成的漆器镶嵌工艺，由于各种宝石的色彩和质地不同，

图 46　明　嵌玉石花鸟圆盒

镶嵌成的图案会随着照射角度的变化，发出各种光彩，绚丽灿烂。

百宝嵌又名"周制"，相传是明代末年扬州一周姓工匠发明，至清代时更盛极一时。

以上以明代黄成的《髹饰录》为依据，介绍了漆器工艺主要的十四个品种及工艺特征，以帮助我们加深对我国漆器工艺的了解和认识。但这十四个漆器工艺品种只是《髹饰录》中的一部分，并不能覆盖我国漆器工艺的全貌，在这十四个品种之外，还有许多其他的工艺种类。另一方面，任何一种漆器工艺的发展都有其自身的过程，有其产生、发展、繁盛甚至衰退或演变的历史，并且与一定时期的社会发展息息相关。

中国古代漆器的发展

一、新石器时代的漆器

(一) 新石器时代漆器的特点

　　新石器时代是漆器初步产生的时期，目前已知最早的漆器实物是浙江余姚河姆渡遗址的木胎漆碗。由于当时生产力比较低下，可以说这时的漆器正处于漆器发展的原始阶段，造型古朴笨拙，漆器胎骨主要以厚木胎为主，制作工艺是挖制和斫制，也就是在一整块厚木块上，通过挖掉器物内部不需要的木块形成碗内面，砍斫掉器物外部多余的木块形成碗的外形而得到的。这时的人们刚刚懂得用漆装饰器物表面，其造型注重实用性，以日常生活用具为主，器形有碗、筒、觚、杯、鼓、豆、尊、案、俎、盘、匣、勺、斗等，也有一些是仿照同时期陶器的造型而制作的漆器。漆器上纹样的装饰也极为简单，没有纹饰只髹色漆的一色漆器比较常见，也称其为"光素无纹",漆色则多以红色、黑色为主。也有一些出土的漆器外壁绘有彩绘,多以红色的色漆为地,用白、黄、黑、蓝、绿等色漆绘出条带纹、云纹、回纹、几何纹等,但是种类和数量都较少,纹样也比较简单。到新石器时代后期出现了陶胎漆器,这与新石器时代陶器的发展是分不开的。陶胎漆器多是在陶杯或者陶壶的外壁表面,髹涂色漆,既增加了美感,又增强了实用性。

图 47　漆绘黑陶杯

图48　缠藤篾朱漆木筒
　　浙江余姚河姆渡遗址
出土朱漆筒,现藏于浙江
余姚河姆渡博物馆。

(二) 新石器时代漆器的主要考古发现

1. 江苏吴江团结村和梅堰出土的漆器

　　1955年,在江苏吴江团结村遗址发现了一件彩绘陶杯,有的学者认为它是中国最早的陶胎漆器。1959年,在江苏吴江梅堰遗址中出土了距今四五千年的两件彩陶,分别用金黄或者棕红色的色漆描绘出类似相间的弦纹的纹饰,虽然纹饰简单,技法朴拙,但毕竟开启了用色漆彩绘在陶器表面装饰器物之先河,也为新石器时代晚期陶器表面丰富多样的纹饰提供了一种新的装饰工艺。

2. 浙江余姚河姆渡出土的漆器

　　1977年,在浙江余姚河姆渡遗址中发现了一件木胎漆碗和一件缠藤蔑朱漆木筒,是中国古代最早的木胎漆器,也是年代最早的漆器出土实物。

　　木胎漆碗的漆壁较厚;口沿部位微微内收,形成收敛的形式,叫做敛口;碗底有一圆圈形状的足,叫做圈足,圈足微微向外撇出呈类似瓜棱表面突起成纹的形状。碗口直径9.2—10.6厘米,高5.7厘米,碗底直径7.2—

7.6厘米。木碗外壁有一层薄薄的朱红色涂料，微微带有光泽，经光谱分析鉴定，其光谱图和长沙马王堆汉墓出土的漆皮光谱图相似，可以确定其为漆器。长沙马王堆是西汉初期长沙国丞相轪侯及其夫人辛追的墓，未经盗墓骚扰，出土了大量珍贵文物，漆器较多，另外还有一具女尸。

缠藤篾朱漆木筒，长32.6厘米，直径9.4厘米，木筒壁厚0.7厘米，是用整段的木料加工成所需的形状后，再经髹漆制作而成的。其内外壁均磨错得光亮洁净，器壁厚薄均匀，断面略呈椭圆形。在外壁的两端缠有数道藤篾，可能是起装饰和加固作用。木筒外壁涂有一层朱漆，虽久埋地下有所脱落，但残存的漆依稀可见其光泽。

河姆渡遗址距今约六七千年，是我们至今发现最早的出土漆器的遗址，是中国漆器艺术曙光的重要遗址，其出土的器物是开启我国灿烂漆器文化的标志性器物，由此揭开了中国漆器制造史上光辉的一页，在中国古代漆器发展史上占有重要地位。

3. 内蒙古敖汉旗大甸子墓葬出土的漆器

1977 年，中国科学院考古研究所在内蒙古敖汉旗大甸子距今三千五百年左右的墓葬中发现了两件近似觚形的薄胎朱色漆器。这是目前所知中国最早的薄胎漆器，虽然历经三千余年，但色彩依然鲜明，说明当时髹漆技艺有了较大的提高。

4. 浙江余杭反山和瑶山良渚文化遗址出土的漆器

1986 年，反山良渚文化遗址中出土了嵌有玉石的漆器。1987年，瑶山良渚文化遗址9号墓中出土了很多漆皮残痕和二百多颗用于镶嵌的玉料，从残存的遗物中可以推测的器物有漆碗和嵌玉高柄漆杯。嵌玉高柄漆杯，高29 厘米，口径11厘米，圈足直径12厘米。它的口沿呈向外敞开的敞口形，杯身为圆筒形，下方衔接着一个又细又高的喇叭形的圈足，如同现代的高足酒杯，杯身外壁髹饰着红色的朱漆。在杯身与圈足的结合处及圈足与近底部的外壁，各镶嵌椭圆形玉珠一周。玉珠形状一面弧凸、一面平整，白玉与朱漆交相辉映，产生了一种前所未有的艺术效果。

图 49　嵌玉高足漆杯
　　浙江余杭瑶山遗址出土的
嵌玉高柄漆杯出土时的状况。

　　这是我国漆器镶嵌工艺的开端，从此，嵌玉
漆器开始发展并繁荣起来，并且进一步发展
出各种其他的镶嵌工艺。因此，浙江余杭反
山和瑶山出土的嵌玉漆器，在我国古代漆器
工艺发展史上具有十分重要的地位。

二、夏商时代的漆器

（一）夏商时代漆器的特点

夏商时代的漆器是以日常生活用具为主，跟前一时代相比，数量增多，不再是零零星星的发现。漆器的种类既包括饮食用的盒、盘、碗、豆、筒形器、钵、觚，还有礼乐用的乐器鼓，打仗用的兵器盾、甲、马车，还有丧葬用的棺椁等。漆器的胎骨在夏代时还只发现了木胎一种，到商代除较常见的木胎和新石器时期曾发现过的陶胎外，还出现了铜质的胎骨，但仍然以木胎为主，陶胎、铜胎比较少见。这一时期漆器的纹饰，除了继承此前的素色和少量几何纹饰外，由于夏商时代青铜器的兴盛，漆器的纹饰和造型也不可避免地受到了当时青铜器纹饰造型的影响，出现了大量的动物纹饰，几何纹样也大幅增加，种类更加多样。根据已经出土的漆器资

中国古代漆器的发展

料，这时的漆器纹样有饕餮（tāo tiè，上古一种神兽）纹、夔龙（kuí lóng，龙的一种）纹、云雷纹、蕉叶纹、弦纹、圆点纹、三角纹、蝉纹、涡纹等，并且出现了在花纹上镶嵌有磨制成各种形状的宝石、蚌壳、牙角等，还有的在漆器上粘贴金箔。这是新石器时代简单镶嵌工艺的进一步发展，为流行于汉代的镶嵌及贴金箔工艺的渊源提供了重要的依据。这一时期的制作工艺继承了前人的方法，如觚、钵、豆（一种容器，上大下小呈喇叭状）、碗等类的漆器往往采用内挖和外斫相结合的方法。此外，夏代就已经出现了比较简单原始的雕刻工艺，例如河南偃师二里头遗址出土了雕花漆器残片，虽然不是完整的器物，但夏商时代漆器工艺的发展可见一斑。到商代，随着描漆、镶嵌、贴金箔等工艺的发展和技术的提高，漆工有可能已经成为了一项专门的手工业。

（二）夏商时代漆器的主要考古发现

1.河北藁城台西村商代遗址出土的漆器

1973 年开始发掘的河北藁城台西村商代遗址中出土了四件漆器，虽然都已经腐朽，但从残片观察，器形有长方形盒、圆形盒、盘等。均为朱漆地上绘黑漆的彩绘色漆，彩绘的纹饰有饕餮纹、夔龙纹、雷纹、蕉叶纹等，有的花纹上还镶嵌有磨制成圆形、方圆形、三角形的绿松石，色彩绚丽鲜明。在一件圆盒腐朽后的痕迹中，还发现一小段半圆形金饰薄片，正面阴刻云雷纹，是原本贴在漆器上的金箔。此外，在该遗址商代晚期的遗迹中还发现一些漆器残片，有的绘有彩绘，有的是在木胎上用刀雕刻花纹，然后再髹漆、镶嵌，表面呈浮雕式的花纹。

2. 湖北盘龙城商代遗址出土的漆器

1974 年在湖北盘龙城遗址中出土的墓葬，棺椁（guān guǒ，古代葬具，即棺材和棺外的套棺）完全腐朽，清理出的椁板板灰，一面绘有精细的雕花，一面是朱漆素面，据此推测当时的棺椁可能已经用漆髹饰。

3. 河南罗山蟒张乡天湖村商周墓地出土的漆器

1979 年和1980年，考古工作者先后两次对河南罗山蟒张乡天湖村墓地进行发掘，出土商周墓葬共计42座，其中商代晚期墓葬22座。在商代墓葬中出土漆器9件，一件为碗，8件为豆，均为木胎。碗的口沿稍尖，称之为尖唇，并呈现略向内倾的敛口形式，腹部倾斜称之斜腹，碗底较平，称之平底，碗壁和碗底比较厚，口沿下和腹部稍下处各有两道深弦纹，即平行线条的纹饰，碗通体髹黑漆，口径16.6厘米，碗底残缺。豆均残破，有的可以根据残存的碎片复原部分，例如豆柄、豆盘或豆的圈足，漆器的颜色鲜艳，内壁髹单色红漆，外壁髹单色黑漆。

4. 河南安阳殷墟商代遗址出土的漆器

安阳殷墟遗址位于河南省安阳市小屯村及其附近，是商代晚期的政治、经济和文化中心，在墓葬内曾多次发现漆器，但出土的漆器大都残毁。其中发现的一块保存相对较好的椁板，厚11厘米，高7厘米，表面用阳线（即突出的线条）雕刻花纹，较粗，形状似龙，但并不清楚，髹红漆；地纹为阴纹（即凹陷的线条），髹黑漆。内侧面无纹饰，髹红漆。棺木全部腐朽，仅南端保存部分漆皮，可以看见黑色漆打底上绘红色图案，也就是黑地红漆的花纹，纹饰线条很细，其余部分仅见板灰和零星的漆皮。

三、西周春秋时代的漆器

（一） 西周春秋时代漆器的特点

西周春秋时代的漆器是在商代漆器工艺的基础上发展起来的，风格也具有一定的继承性，但是由于生产力的发展和工艺技术的提高，数量比前一时期大幅增加，纹饰图案的种类也进一步增多。西周漆器按照用途划分，可以分为生活用具、乐器、兵器、车马器和丧葬用具等，其中与人民生活息息相关的生活用具数量和比例比商代有所增加，占了漆器的大部分。西周春秋时期也是青铜器兴盛到逐渐衰微的时期，而陶器因为其材料容易获得，制作方法相对简易，从新石器时期以来一直是人们日常生活的主要用具。因此这一时期漆器的纹饰和造型，在很大程度上仍然受到同时代青铜器和陶器的影响。这一时期的漆器中生活用具的主要器形有豆、

盘、扁壶、方壶、罍、簋、觚、俎、彝、舟
（酒器）等，还增加了一些器形如漆耳杯、
勺、奁、梳、篦、槌等；乐器有漆瑟出土；
兵器有盾、甲、矢、剑鞘、戈、矛、戟等；
车马器有竹木车舆、车辕、车伞盖穹以及马
的装饰品等；丧葬用具有棺椁、镇墓兽和小
木俑等。

西周春秋时期的装饰纹样的种类比夏商
时期有了明显的增多，其题材范围更加广泛，
内容也更加丰富多彩。除了已有的动物、几
何纹样外，又出现了植物与人物题材的纹样，
这或许可以理解为从图腾、抽象的神的关注
到对自己相关的切身事物的关注。装饰纹样
主要有饕餮纹、夔龙纹、凤鸟纹、弦纹、云
雷纹、回纹和涡纹等。西周时期的漆器以木
胎为主，兼有瓷胎。春秋时期除了木胎外，
还有竹胎、石胎和铜胎。

西周漆器上的几何纹样数量并不是很多，
其作用与同一时期青铜器上弦纹的用法大致
相同，只是作为主要纹样的衬托。这一时期
的工艺技法继承了商代，采用彩绘与蚌片共
同组成纹样，两者有机结合，成为西周漆器

装饰图案中最具特色的装饰手法，这也就是后世所称的螺钿工艺。西周嵌螺钿漆器的出现说明，螺钿镶嵌技术最早出现在西周时期。虽然商代也出现了在漆器表面镶嵌蚌片的情况，但并没有出现纯粹以蚌片为主要材料设计成的图案，而西周镶嵌螺钿漆器，是以镶嵌经过加工磨制的蚌片或者再结合彩绘来构图或成为主要元素的。

春秋漆器的图案主要有方形和圆形两种，以分别适用于方形和圆形的器物，例如案和盘等。多用黑色为地，上绘红彩，技法多以线条勾勒为主。题材主要有几何图案和写实图案两大类，几何图案深受青铜器装饰的影响，写实图案构图严谨规整、线条纯熟流畅、神态生动逼真，反映了这一时期漆器工艺的巨大进步，同时也显示了青铜器装饰工艺的成熟。至春秋时，漆器的制作日益精美，品种丰富，装饰技艺提高，使漆器在这个青铜器日益衰微的时候异军突起，为战国、秦、汉漆器的渐次繁荣奠定了基础。

(二) 西周春秋时期漆器的主要考古发现

1. 河南鹤壁辛村西周卫国墓出土的漆器

1933 年，郭宝钧在河南鹤壁辛村西周卫国墓中发现了大量的"蚌泡"，这是指蚌壳打磨成的小块，上面有圆形的突起，称为蚌泡。发现的蚌泡形状有方形、圆形、三角形、椭圆形、长方形、弧形、桃形、猴面形、圆柱形和截锥形，数量多达420枚。虽然出土时已近扰乱脱落，只有极少数能保存其原状，但从散出的情况来看，应该是用蚌泡拼嵌成大幅图案，由此可知，当时的螺钿制作技术已经相当发达。

2. 北京琉璃河西周燕国墓地出土的漆器

1981 年至1983年，对北京琉璃河西周燕国墓地进行了发掘，发现了数量众多，工艺精美的一批西周漆器。此墓地出土的漆器有豆、觚、罍、壶、簋、杯、盘、俎、彝等，以豆居多。这些漆器均为厚重的木胎，器物表面皆有漆绘，有些还用蚌片、蚌泡等镶嵌，与彩绘共同组成装饰图案。

3. 山东临淄东周殉人墓出土的漆器

1971 年，在临淄原齐国故城周围发掘的
一座殉人墓是春秋时期最重要的发现。在墓
坑顶部发现一批精美漆器，有雕花彩绘条形
器、朱地黑彩羊形器、施黄、红、绿三彩的
镇墓兽、黑地红彩漆豆以及用骨装饰的漆器
等。这些漆器虽然出土时腐朽严重，但根据
残存的漆皮可以看到，这批漆器多以黑漆为
地，上绘朱彩，个别的是朱地黑彩，偶尔还
见有白色勾边。装饰图案有写实和几何两种。
《史记·货殖列传》中有东周时期山东产漆的
记载，据此可以印证此批东周墓的发现。这
批漆器构图规矩严谨，呈比较对称的图案化
风格，与当时及以后的楚国漆器的风格较为
不同，楚国漆器图案显得更加活泼，并不那
么规整和对称，带有浓厚的绘画风格。这也
说明了，当时漆器的普遍使用，并且因各地
文化的差异出现不同的地方特征，也促成了
此后战国秦汉漆器的空前繁荣、百花齐放的
局面。

4. 山西长治东周墓出土的漆器

1972 年，在山西长治分水岭西部发掘了

中国古代漆器的发展

两座东周墓，两座墓中均出土了漆器，但都
已经腐朽残毁，从残皮来看都像是漆木箱。
其中一件是朱地黑绘，图案为互相蟠绕的蟠
龙图案，沿边绘有蟠虺纹（就是传说中一种
蛇的形状的纹饰），窃曲纹（是一种简化和抽
象化了的动物纹形状）等。还有一件朱漆地
上黑漆绘蟠螭纹（是一种没有角的龙的图
案）、三角形云纹等。其内放置有装饰品等
物，估计是装盛饰品用的木箱。长治地区在
春秋时期属于晋，战国时称为上党，为韩、
赵、魏三国的交错地带，地势险要，在军事
上和交通上都居于重要位置。

四、战国时代的漆器

（一）战国时代漆器的主要特点

中国古代漆器发展到战国时期，进入了
一个空前繁荣的时代。这与当时社会的发展
有着密切的联系：

一方面，随着生产力的发展，农业经济
进一步发达，社会分工进一步加速，手工业

技术水平也迅速提高。根据有关学者研究，至迟到战国中期，漆器制造业已经完全脱离了木器制造业，成为一个独立运作的手工业部门。冶铁业技术的提高，使得漆器在制胎和加工方面的水平也大大提高。

另一方面，春秋以来周王室衰微，宗法分封制动摇，井田制瓦解，各个诸侯国相互战争争夺土地和人口，有的甚至独霸一方。这样传统的礼制被僭越，原本只有王室可以享用的一些生活用品和礼仪用具被更多的公卿大夫们广泛使用，因此需求大量增加。商品经济的发展，使大量漆器产品以商品的形式进入了市场。漆器本身所固有的轻便、坚固、耐用、美观、制作相对简单等特点，更加符合广大公卿大夫们的需求，越来越多地被当时的人们所接受，于是逐步取代青铜器，成为人们日常生活的主要用具。

战国时期已经有了专门培植漆树的园圃。庄子就曾做过管理漆园的官吏。漆工的管理也如同冶金、木工、陶工一样，具有了一定的规模和组织，内部分工也很细。

战国漆器的考古发现几乎遍布全国各地，

但以南方地区特别是湖南、湖北、江苏、四川、河南等地出土最多，保存最好。

战国时期的漆器，工艺技术得到很大提升，作为器胎的材料也增多。战国早期的漆器，仍然继承了前代的做法，以厚木胎为主。战国中期开始出现了薄木胎和夹纻胎的雏形，工艺仍不成熟，厚木胎依然占据主流。到战国晚期，薄木胎和夹纻胎的漆器明显增多。为了使薄木胎的漆器更加牢固，同时也起到装饰和美观的作用，在战国晚期楚国的漆器中出现了在器物口部和底部加扣一圈金、银或铜的扣箍或者在盖、把手等处加饰金、银或铜的钮。经过这样加工装饰的漆器叫做扣器，是战国漆器中的珍品。除了较常见到的木胎、夹纻胎以外，还有陶胎、铜胎、皮胎、竹胎、骨角胎等。皮胎漆器主要有漆盾和漆甲胄，竹胎漆器主要有漆卮，这两种胎质的漆器都比较少。

木胎漆器主要有斫制、挖制、卷制和雕制四种，通常是根据所需器物的形状采取相适应的加工方法。一般来说，形状比较简单直接，可以通过对木料的砍斫得到的多采用斫制法，例如豆、勺、案、几、俎、扇把、梳、蓖、弓、盾、戈柄、矛柄、剑鞘、瑟等。像一些有较深内凹的食具、酒具以及盛放东西用的盛具等，则一般在斫制得到器物外形后，再用挖制法挖制器物内壁。还有卷制法则多用于圆形或椭圆形的筒状器物，具体做法是用薄木片经加热卷成所需形状。用卷制工艺制造漆器出现在战国中期，主要器物有卮（杯）、樽、圆奁、椭圆奁等。雕刻制漆主要是根据预先的设计雕刻出所需要的形状，主要是一些动物造型的陈设用品，例如鹿、镇墓兽、木雕坐屏、虎座飞鸟、鸳鸯豆等。在实际操作过程中，往往根据需要几种方法结合使用。

在漆器的装饰上，战国漆器因胎质和器型的不同往往采用不同的制作方法和装饰方法。陶胎、铜胎和骨角胎一般是在器物上髹漆或漆绘纹饰，木、竹器等除了漆绘外，还往往与雕刻等结合使用。与西周、春秋时期的漆器装饰相比，战国漆器的装饰纹样、类别和数量都大幅增加，而且纹饰种类丰富多变，具有很高的观赏性，也反映了这一时期漆器装饰工艺的飞跃发展和装饰手法的成熟精湛。在装饰中，战国漆器广泛而灵活地运用各种纹饰，并与器物形状结合统一，使得美观与实用相结合。一般在器物的中心和口沿部分大量使用连续的纹样，突出装饰效果。装饰色彩多以红、黑为主，其次是黄、蓝、绿、褐等，金、银较少。绝大多数是以黑色为地，红色描绘花纹图案。

战国时期的漆器最常见的是日常生活用品，其次是军事和文化娱乐用品。有些漆器的纹饰和造型受到同时期铜器和陶器制作的影响，如豆、禁（酒器）、盘、盒等。这是器物发展、延续和继承的结果。

战国时期的漆器还有一个非常突出的特征，那就是楚国漆器的高度发展。根据考古发掘的资料，迄今为止的战国漆器大部分都出自楚国墓，并且造型美观、制作精良、风格优美的漆器也都是出自楚国，形成了独具特色的楚国漆器文化。

楚国漆器的高度发达，除了有战国时期的历史背景及其他社会因素的影响外，还有一些楚国自身的原因。一方面，楚国地域处于长江汉水流域，有着适合漆树生长的肥沃土地和温润气候，因此漆树、油桐等竹木资源丰富，这是漆器生产得天独厚的优势也是漆器产业发达的必要条件。另一方面，随着楚国国力的逐渐强大，疆域开拓，经济文化发展，到春秋中期以后，楚国的手工业和商业就较为发达。楚人不仅接受了北方中原漆器装饰技术的影响，因地域与秦、巴、蜀相接，又吸收了其技术和风格，使楚国的漆器形成了不同于中原地区的独有特色精美绝伦的技术特点和风格艺术。楚国漆器的装饰技术有描漆、描金、镶嵌、针刻等，其中描漆最为常见，用来构成画面丰满的漆画，虽然只是最常见最简单的手法，但由于构图的流畅优美和色彩的丰富灵动，其漆画达到了图案生动传神、画面感丰富有层次的特殊的艺术效果。

战国时期漆器的纹样，较多地取材于自然和社会生活，例如动物纹样、植物纹样、自然景象、几何纹样、神话传说、社会生活等。并且根据器形的特点，创造出了灵动多变的漆器装饰纹样。楚国漆器装饰主要是反映社会生活和描绘神话两大类，装饰手法主要是大量运用漆画。反映社会生活的画面常以贵族、乐师、舞女、猎人、巫师等人物形象为主，以各种鸟兽、花草、树木、车马等连续图案为陪衬，组成车马出行、歌舞奏乐、狩猎、烹饪以及巫师作法等内容的画面。

在战国中期的漆器上还发现了一些文字，有的是烙印在器胎上，有的用针刻、刀刻上去的，有的则是用色漆书写在器胎上。这些文字可能有的是手工业作坊的标志，有的是所在地标志，有的是漆器工艺的名称标志，还有的是工匠姓名的标志。这些标志反映了战国时期漆器手工业分工的细致化和较高的生产标准化，这也是战国时期漆器制造业成熟的一个标志。

总之，战国时期的漆器在造型、用途、工艺、技艺、装饰等多方面都比前代有了飞跃的发展，是我国古代漆器的第一个繁荣时期，也为秦汉时期中国古代漆器的辉煌奠定了重要的基础。

（二）战国时期漆器的主要考古发现

战国漆器以楚国漆器最为重要，最具有代表性，出土也最丰富。楚国漆器主要发现与战国时期属于楚国疆域，或者楚国疆域附近受其文化影响的地方，有湖北、湖南、河南、安徽、江苏、浙江等地，其中湖北出土漆器最多，其次是湖南、河南、安徽等地。楚国以外的地区也有不少漆器发现，主要有四川、山东、浙江、山西等地，其中又以四川地区较多发现。具有代表性的战国漆器的考古发现，其中四处为楚地的漆器，只有一处属于四川地区。

1. 湖北随县曾侯乙墓出土的漆器

1978 年，湖北省博物馆对湖北省随县城关镇西北郊擂鼓墩附近的一座大型岩坑竖穴木椁墓进行了发掘，这是楚国漆器的又一大发现，也是了解战国时期楚国社会文化的重要资料。该墓葬建造在一座小山岗上，墓坑呈竖穴，内置木椁再套木棺。墓穴平面呈不规则多边形，方向正南。墓中随葬品十分丰富，主要置于东室、中室、北室和墓主棺内，共15404 件，其中漆木器230件，不包括髹漆

图50　曾侯乙墓鸳鸯形漆盒　　　　　图51　曾侯乙墓漆木衣箱

图52　曾侯乙墓漆瑟

图53　曾侯乙墓漆木梅花鹿　　　　图54　曾侯乙墓黑漆朱绘凭几

图 55　曾侯乙墓漆篪

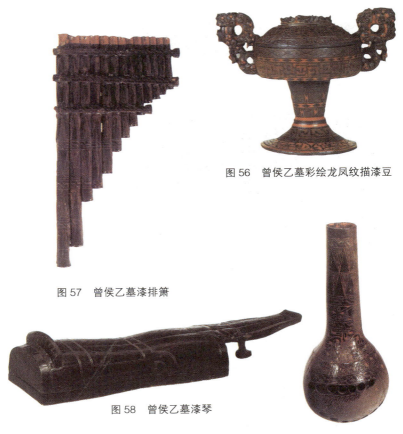

图 56　曾侯乙墓彩绘龙凤纹描漆豆

图 57　曾侯乙墓漆排箫

图 58　曾侯乙墓漆琴

图 59　曾侯乙墓漆笙

图 60　曾侯乙墓漆棺

图 61　曾侯乙墓漆棺
彩绘之一

图 62　曾侯乙墓漆棺
彩绘之二

的乐器及兵器附件。器型种类多样，有衣箱、食具箱、酒具箱、带足盒、龟形盒、方盒、鸳鸯形盒、盖豆、豆、梅花鹿、俎（zǔ古代放祭品的器物）、案（古代长方形的桌子）、架、杯、勺、几（小或矮的桌子）、禁（古代承酒尊的器座）、桶、透雕圆木器等。

这批漆器大多数保存较好，其胎骨基本是用一整块木板斫削或剜凿而成，如衣箱、桶等。少数是分别安装的，如案的面与腿。还有的是用榫卯（一种凹凸结合的连接方法）结合的，如食具箱、酒具箱等。纹饰表现的方法主要有两种：一种是浮雕或透雕，如案面、禁面的四角是浮雕，当中是透雕，有的浮雕还有明显的仿铜器风格。另一种是彩绘，多半是以黑色为地，再以朱漆、金漆描绘图案。

在这批漆器中，二十八宿衣箱和鸳鸯形盒最具有代表性。二十八宿衣箱的盖与身分别用整木剜凿而成，器身呈矩形，口沿部为与器盖紧密结合的子口，上承器盖。盖隆起呈拱形，器身与盖的四角均伸出把手。器内髹红漆，器表髹黑漆。盖面正中朱书篆文

"斗"字，周边按顺时针方向用红漆书写二十八宿的名称，盖顶两端分别绘有青龙、白虎。鸳鸯形盒由头与身分别雕成，首颈与身用榫卯接合，头能够自由转动。器身肥硕，内部剜空，上有一长方形孔，承一长方形盖，盖上浮雕翼龙。全身以黑漆为地，彩绘艳丽。腹的两侧各绘有漆画，左侧绘撞钟图，右侧绘击鼓图。

2. 湖北荆门包山楚墓出土的漆器

1986年由湖北省博物馆、荆州地区博物馆、沙市博物馆、荆门市博物馆、江陵县文物局等单位组成考古队发掘的包山楚墓，位于湖北省荆门市十里铺镇王场村的包山岗地之上，南距楚国故都纪南城约16公里。该墓是一座墓葬群，由8座大小规模不等的墓葬组成，其中5座为战国楚墓，3座为西汉墓。该楚墓群中葬具保存较好的3座都是土坑木椁墓，共出土漆器134件，胎质多为木胎，少数为夹纻胎。夹纻胎是在麻纱两面贴以皮革，再以生漆粘接。

此批出土的漆器，器型丰富，种类繁多，有折叠床、枕、案、俎、几、酒具盒、豆、盘、壶、耳杯、双连杯、带流杯、奁、筒、斗、勺、小盒等。制作方法有斫削、镟制和雕刻。镟制就是用金属器具削切物体。斫削的器物有案、禁、俎等较大的器物；镟制的有耳杯、带流杯等需要用较小的金属工具削切而成的器物；雕刻的有双连杯、酒具盒、梳、篦等，用浮雕、内雕、透雕等手法在其表面雕刻纹饰。器物部件之间以及器物和其装饰物之间接合的方法有榫卯法、铰接法（用铰链连接）、粘接法、镶嵌法。大部分漆器髹黑漆为地，再用深红、橘红、土黄、棕褐、青、金等颜色彩绘纹饰。有的是生前的实用器，有的是专门为陪葬制作的明器。

装饰纹样可分为动物、植物、自然景物和几何纹四大类。动物纹样有凤鸟云气纹、鸟羽纹、变形三角凤鸟纹、兽面纹、龙纹和人物；植物纹样仅见柳树；自然景物主要是云和水的变形，有勾连云纹、卷云纹、涡纹、太阳纹等；几何纹样有方块纹、曲线纹、三角纹、带纹、S纹、目纹、菱形纹等。

包山楚墓中出土的漆器中，以虎座鸟架鼓、彩绘漆棺、彩绘漆奁和凤鸟形双连漆杯

图 63　包山楚墓凤纹带流杯

图 64　包山楚墓云纹皮盾

图 65　包山楚墓子母口漆奁

图 66　包山楚墓彩绘漆棺之一

图 67　包山楚墓彩绘漆棺之二

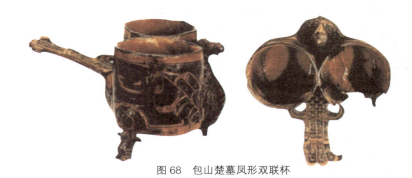

图 68　包山楚墓凤形双联杯

图 69　包山楚墓彩绘云纹漆方耳杯

图 70　包山楚墓彩绘云纹漆圆耳杯

中国古代漆器的发展

图 71　包山楚墓彩绘云纹漆案

图 72　包山楚墓木雕方格云纹酒具盒

图 73　包山楚墓虎座飞鸟

图 74　包山楚墓虎座鸟架鼓　　　　图 75　包山楚墓漆木盒

图 76　包山楚墓彩绘漆棺

最具有代表性。鸟座虎架由双虎、双鸟、一鼓组成。双虎仰首踞伏，目视前方。双鸟尾部以榫卯相接，呈长颈尖喙、仰首鸣叫状，立于双虎之上。鼓悬于双鸟之间，系于鸟冠之上。虎身为整木雕成，鸟分部分雕成。通体髹黑漆地，用红、金、黄三色彩绘纹理和装饰于其上。彩绘漆棺是包山墓中其中一座墓葬的五层棺椁之一，保存完好。这五层棺椁是由内外椁内置三重木棺组成。外棺为长方盒形棺，中棺为悬底弧形棺，内棺为彩绘长方形棺。其中中棺的悬底弧形棺外表满饰彩绘，主要以黑、黄、红为主色，辅以绛、褐、白、灰及大量金粉，棺盖及两侧壁板绘六个单元的龙凤图案，每单元为四龙四凤。龙凤纹间填以红彩，整体为四方连续结构。彩绘漆奁（liǎn，一种小匣子）为直壁圆筒形，器盖和器身呈子母形式相互扣合，顶部和底部都是平的，盖面中部微微隆起。器胎为夹纻胎，内壁髹红色漆，外壁髹黑色漆，外壁的黑色漆地上用深红、橘红、土黄、棕褐、青等彩绘纹饰。奁盖中间绘有云纹和凤鸟纹，奁壁上绘有人物车马、鸟兽树木等组成的出行、迎宾图，这些都是当时贵族礼制活动的生动写照，线条流畅，画面传神，具有很高的艺术价值和学术价值。凤鸟形双连漆杯造型独特，呈凤鸟背负双杯之形状，前端为头颈，后端为尾翼，中间并列为两个圆筒形状，杯之间有孔相通。凤鸟作昂首展翅状，口衔一珠，为黑漆地，上绘红、黄相套的圆环纹，腹部下的双爪作为器足起支撑作用。凤鸟遍身刻有羽鳞状纹饰，双翼底面为红漆，其余髹黑色漆地，上面再彩绘各种纹理作为髹饰，笔法细腻，描绘逼真。凤鸟的头、颈、翼、胸等部位镶嵌有银色玉石共八颗，使得整体形象更加高贵华丽。凤鸟所负载的双杯内髹红漆，杯口和外壁用红或者黄色绘有云纹和蟠龙纹。此杯造型奇特，凤鸟和双杯相连的造型可能表示吉祥的意思，双杯象征夫妻恩爱，白头偕老，因此也被称为"连理杯"或"合卺（jǐn，合卺为旧时夫妇成婚时的一种仪式）杯"。此墓的主人是楚国左尹（楚国官名）邵，可能是墓主人生前与妻子有着深厚的感情，随葬此杯用以怀念妻子，或者此物本就是墓主人夫妻感情的纪念品。

3. 河南信阳楚墓出土的漆器

1956 年，在河南省信阳市北长关台附近发现了信阳一号楚墓，1958年又在该墓东面10 米处发掘了二号墓。两墓形制相同，都是土圹内用方形木板筑成庞大椁室，木椁内再放置木棺的土坑木椁墓。其中一号墓出土漆木器150件，有俎、杯、杯豆、圆盘豆、高足方盒、勺、匜、几、案、床等。漆器均用木料雕成，除个别外，大部分髹黑漆，并施加各种彩绘图案。二号墓出土漆木器共120件，有俎、杯、杯豆、圆盘豆、方壶、几、案、勺、盒盖、方座、圆形器座、彩绘器座、圆形架、彩绘漆器残片、木床、木枕、椭圆形环状器等。其中方壶两件，通体髹黑漆，上绘彩色纹饰图案；几两件，其中一件由两块立板和一块横版组成，立板的外面和横版的侧面上均匀地镶嵌着白玉20块，白玉颜色洁白，形状不规则，周围还有彩绘图案，这种将玉石镶嵌到彩绘木漆器上的做法，在战国极为少见。另外，彩绘漆器残片上绘有精致的车马人物出行图，鼓座造型为两只连尾凤鸟立于相背的连尾伏虎座上，凤身为分部雕

成再用榫卯安装接合成为整体。整体来说，
漆器也都是髹黑漆为主，上面再绘有彩色纹
饰图案。构图精巧，造型生动。

4. 湖南长沙浏城桥一号墓出土的漆器

1971 年，湖南省博物馆配合长沙市东区
某工程，在浏城桥清理了一座较大而完整的
楚墓。该墓为长方形竖穴土坑木椁墓，土坑
内的木椁四周上下填塞有60厘米的"白膏
泥"，这是一种纯净的黏土，黏性大，较湿
润，渗水性小，常被用在墓葬中作为密封防
腐的材料，也被用来加热制作陶瓷。正是由
于白膏泥很好的密封和防腐的效果，该墓棺
椁得以完好保存下来，墓室内的竹、木、丝
织品等物件也都被保存下来。

该墓随葬器物共262件，其中漆器6件。
漆几两件，几面作长条形，用一块整木雕成，
通体髹黑漆。几面浅刻云纹，两端刻兽面。
几足由六根圆柱形木棍组成，四根直立地承
托着几面，另两根从两端交叉于几底，起到
牢固稳定的作用。漆剑椟一件，为长条形木
盒，是盛放剑的器具，髹黑漆，盒盖稍稍隆
起。竹矢箙一件，是装箭用的，由两块半竹

块合成，断面呈圆形，全身髹黑漆，上绘红色几何纹，并有少量黄色云勾纹点缀，色彩鲜艳美观。镇墓兽一件，兽座为长方形，全身髹黑漆。漆绘木鹿一件，用木雕成伏卧的姿态，头卷曲至腰部，全身髹黑漆，绘白色桃形斑纹。

5. 四川成都战国船棺墓出土的漆器

2000 年，成都市文物考古研究所在成都市商业街58号建筑工地清理了几具大型船棺，是大型的多棺合葬一个墓圹的形式。据初步推测，这可能是一处古蜀国开明王朝时期，王族甚至是蜀王本人的家族墓地。墓坑长约30 米，宽约20米，面积达600平方米，墓坑内现存船棺、独木棺等葬具共17具。其出土的随葬器物中，大量精美的漆器格外引人注目，其色泽亮丽，纹饰斑斓，种类繁多，是我国出土的战国漆器中的精品。器形有耳杯、案、器座、梳子、瑟、编钟基座以及大量的木器构件，均为木胎漆器，黑漆地上绘红彩，纹饰有龙纹、变形鸟纹、卷云纹等，有的漆器上还有刻划符号。从漆器的制作技术和纹饰风格来看，这些漆器应早于湖北江陵一带出

土的战国中期及晚期的楚国漆器，但却类似
湖北当阳出土的春秋晚期的漆器，许多漆器
上的纹饰与中原地区出土的春秋晚期至战国
早期的一些铜器上的纹饰非常接近。表明其
年代大体在春秋晚期至战国早期。

从出土的漆器中包括有大型漆案和漆几
的情况看，墓主人具有很高的身份。从残存
的编钟架子来看，陪葬的漆器中还有编钟一
套。对比已发现的巴蜀文化墓葬的情况来看，
预测这可能是一处极其罕见的古蜀国开明王
朝的王族甚至蜀王本人的家族墓地。出土的
这些精美的漆器，将成都作为我国古代漆器
生产中心的历史向前推移了三四百年。

五、秦代的漆器

（一）秦代漆器的主要特点

根据历史文献记载以及考古发现的秦代简牍上解读的内容得知，秦代手工业比较发达，专业分工也较细，类似制漆这样的行业已经发展成为一个重要的手工业部门，还有专门的法律条文对其进行规范和管理。秦代对天然漆的生产、运输制定了严格的法律条文，甚至对生产管理制度、器物类型的标准化等也都有专门的规定，可见秦王朝对漆器制造业的重视。

从考古发掘出土的大批漆器实物来看，秦代的漆器制造业已经非常发达，漆器的器形主要以日常生活用品为主，类型十分丰富。有圆盒、盂、双耳长盒、圆奁、椭圆奁、笥（sì，一种盛放饭或衣物的方形竹器）、凤形勺、匕（bǐ，古代指勺、匙之类的取食用具）、

扁壶、卮、樽、耳杯盒、耳杯、杖等十几种，
此外还有模仿动物形象的模型，有的器形受
到同时期青铜器和陶器的影响，器形带有同
时期或更早一些时期的青铜器和陶器的风格，
也有一些图案纹饰也带有这样的风格。

秦代漆器基本为木胎，胎骨制作方法主
要有挖制、卷制、斫制三种。装饰上广泛采
用植物纹样、自然景象、几何纹样。虽然反
映宴饮、歌舞场面的图案比起战国时期来说
减少了，但是绘画的技术把握和线条处理具
有更高的水平。一般来说，朱、黑、褐三种
漆色比较常见，金、银的比较少见。从出土
的实物来看，容器内壁髹红漆，器表髹黑漆
比较常见，也有少数是内外均髹黑漆的。用
来装饰的纹饰有鸟云纹、凤鸟纹、鱼纹、梅
花纹、云气纹、卷云纹、柿蒂纹、几何纹等，
纹饰种类繁多，图案优美生动，构思巧妙，
线条流畅。

秦代漆器的一个显著特征是普遍都有文
字和符号，主要的制作方法是烙印、刀刻、
针刻和漆书。这些文字和符号，有的是秦代
首都咸阳漆器作坊的标记，有的是进行某道

工序时的戳印，有的可能是物主的姓名、身份以及所居住的里名，还有的可能是漆器制作者的名字。秦王朝为了对手工业进行管理，监督产品质量，要求生产者在所制作的器物上都标识自己的名字，这就是"物勒工名"，意思是就是说，器物的制造者要把自己的名字刻在上面。出土的秦代漆器上的这些文字符号，正反映了当时的这种制度。至于秦代漆器上文字和符号设置的位置，是因器物的不同而设置在不同位置的，一般来说多在器物的外底、盒盖内、外壁、耳上或者耳下。

无论从秦代漆器出土的实物还是秦简上的文字记载都可以看到，秦代对漆器制作比之前更为重视，这也正是秦代漆器比春秋战国时期有了更大发展的重要原因。秦王朝时间虽然短暂，但是其精湛的工艺、完备的制度等在从春秋战国到汉代的漆器发展过程中，起到了承前启后的重要作用，为汉代漆器的全面繁荣奠定了重要的基础。

中国古代漆器的发展

（二）秦代漆器的主要考古发现

1. 湖北云梦睡虎地秦墓出土的漆器

云梦县在湖北省中部偏东，睡虎地位于城关西部。1975年开始，湖北省博物馆对睡虎地的秦墓群进行了发掘和清理。经过前后两次和多年的发掘，发现秦代墓葬69座，除了著名的睡虎地秦简外，还出土大量的漆器、铜器、陶器等，其中漆器共三百五十多件，是秦代漆器的重大发现。

云梦睡虎地秦墓中发现的漆器的器形有圆盒、盂、双耳长盒、长方盒、圆奁、椭圆奁、筒、勺、凤形勺、匕、壶、扁壶、卮、樽、耳杯盒、耳杯（又称"羽觞"）、杖等。其中双耳长盒是秦代漆器中较有特色的，由器身和器盖扣合而成，整体呈椭圆形，两头有双耳做把，盖上与器底的两头均有弧形假足。器内涂红漆，器表涂黑漆。有的在黑漆地上用红、褐漆绘花纹，有的在盖顶还有烙印文字符号。还有一种凤形勺，造型新颖别致，以凤的颈首作为把，凤背则挖成勺。勺内涂红漆，其余部分涂黑漆，并在黑漆上用红、褐漆绘凤鸟的羽毛以及眼、鼻和耳等。

在凤尾下有烙印的文字。

2. 湖北荆州擂鼓台秦墓出土的漆器

擂鼓台墓地位于湖北省荆州市荆州区岳山村，西南距荆州城约3公里，墓地高出四周地面约2米。1991年，原江陵县文物部门对其进行了发掘。墓地有两座秦墓，均为竖穴土坑木椁墓，均为一棺一椁，棺椁保存情况较好。两墓共出土器物40件，其中漆木器26件，器形有盒、奁、扁壶、耳杯盒、耳杯、梳、篦（bì，一种齿比梳子密的梳头用具）、几，均为木胎，少部分保存不好。

盒为盒身与盖作子母口扣合。器身敛口，方唇，腹壁较直，圆底、圈足。盖作敞口，圆弧腹，顶部较平。器内髹黑漆，器外和器底在黑漆地上用红漆彩绘卷云纹，鸟头纹等装饰图案。奁为圆形，直口，浅直腹，平底。器盖顶部隆起，起棱，与器身套盒。器内髹红漆，器外髹黑漆，并在黑漆地上用红漆彩绘弦纹、鸟纹、云雷纹等纹饰。扁壶正面宽，侧面窄，木胎较厚，直口，削肩，扁腹，腹部附有两个对称的耳。器表髹黑漆，在颈、耳、足部用红漆饰一道弦纹。耳杯木胎较厚，

器内髹饰红漆，器外髹黑漆，黑漆上还有红
漆彩绘的装饰。耳杯盒呈方扁形，盖、底同
式，木胎较厚，口沿处附有对称的两耳，盖
顶、底端各有两短足。内髹红漆，外髹黑漆。

图 77　云梦睡虎地秦墓漆盂

图 78　云梦睡虎地秦墓漆凤形勺

图 79　云梦睡虎地秦墓漆双耳长盒

图 80　云梦睡虎地秦墓牛马纹漆扁壶

图 81　云梦睡虎地秦墓鸟纹漆圆奁

图 83　云梦睡虎地秦墓漆椭圆奁

图 82　云梦睡虎地秦墓漆勺

图 84　云梦睡虎地秦墓漆笥

图 86　云梦睡虎地秦墓漆耳杯盒

图 85　云梦睡虎地秦墓漆樽

中国古代漆器的发展

六、汉代的漆器

(一) 汉代漆器的主要特点

经过春秋战国到秦末的连年动乱之后，到汉代中华大地出现了大一统的安定局面。汉初的统治者为了发展经济，增强国力，采取了很多促进经济、鼓励生产的措施。促进了生漆的生产和漆器手工业的发展，促使我国古代漆器制造业出现了大发展的繁荣局面。汉代的漆器手工业内部分工已经更加明确和细致，生产更加专业，从而提高产品产量和质量，使技术进一步凸显，因而有利于漆器制造技术的提升和飞跃。另外，由于青铜器本身形体厚重，制作较难，青铜器的地位已经衰微，而瓷器的生产还没有达到普遍使用，在这个"青黄不接"的时期，漆器的出现满足了人们的日常生活需要和审美的情趣。

新中国成立以后，在我国广大地区发现

了大批汉墓，出土了丰富的汉代漆器。其中
以湖北江陵、湖南长沙、江苏扬州所出的漆
器最具代表性。

江陵汉墓位于湖北江陵纪南城东南隅，
墓葬多属汉文帝和汉景帝时期，墓葬中的随
葬品除了少量钱币、铜镜、带钩之外，铜器
很少，而各种日常生活用品的漆器却占了大
多数。江陵汉墓漆器保存良好，其胎质、造
型和纹样与湖南长沙马王堆汉墓出土的漆器
几乎一致。通过烙印、戳记可知，它们都是
成都市府漆工作坊的产品。其中比较珍贵的
有彩绘神人怪兽纹龟甲形漆盾、彩绘漆耳杯
盒、彩绘鹤纹匜和彩绘七豹纹扁形漆壶等。

长沙汉墓分布在湖南长沙周围，有从西
汉到东汉时期的各种规格的墓葬一百多座。
既有汉高祖时分封的吴姓长沙国的贵族墓葬，
也有汉景帝时分封的刘姓长沙国的贵族墓葬，
还有东汉时期的墓葬。在西汉前期的长沙墓
中，大量流行漆器随葬。器形主要有鼎（古
代一种烹煮用器，原本是陶器，后青铜器、
漆器都仿制其器形）、壶、锺（古代一种酒
器）、钫（古代一种方口大腹的容器）、盒、

中国古代漆器的发展

奁、卮、盘、案、耳杯等。器形与同类陶器基本相同，说明当时漆器造型多是仿造陶器而来的。这一时期，西汉流行的金银扣器还较少，具有代表性的漆器是长沙马王堆1号汉墓发现的彩绘漆棺、彩绘竹雕龙纹漆勺、彩绘云纹漆案和杯盘以及马王堆3号汉墓发现的长方形漆奁等。西汉后期的长沙墓中以杨家湾和吴家岭墓出土的漆器最具代表性，这一时期的器形主要有盒、盘、奁、案、耳杯等，夹纻胎和金银扣器明显增多。西汉前期出现的平脱金银箔贴花工艺，这时更加流行。

扬州是汉时长江沿岸的一座重要城市，汉称广陵，也是刘姓宗室被封之地。优越的地理位置和发达的经济文化，促使了扬州手工业的发展，漆器制造业尤为发达。扬州有规模可观的两汉宗室及其亲属、臣僚的墓葬群，其中出土了大批汉代漆器。扬州的漆器主要是从汉代才形成规模生产，并发展起来。与湖北、湖南地区位处原楚国地域，继承楚国漆器风格不同，随着大批汉朝王室人员来扬州定居，带来了中原的传统文化，扬州的漆器更多地融入了秦代漆器的风格，并吸收了楚国漆器文化的神奇、浪漫的因素，形成一套独特的风格，自成体系。扬州漆器的胎形作法有纯木胎、薄木胎、夹纻胎三种。有单色髹漆，如外黑内朱，也有在单色漆地上绘彩色，还有的比较珍贵的器物上则采用黑地金银彩绘和朱地金银彩绘等，色调丰富多彩。扬州汉代漆器品种丰富，既有日常生活用具，也有玩具，还有兵器乐器以及丧葬用具等，以日常生活用品为主。扬州漆器成功地运用了薄木胎卷制的工艺，使胎质更显轻灵，造型更加干练，这也是扬州漆器区别与其他地区漆器的重要特征之一。扬州漆器在造型上多有不拘一格之处，例如漆面罩，在其他地区就很少见到。此外还有漆枕、漆沙砚、正圆漆耳杯、三足圆漆案等，有些带有明显的秦代漆器的味道。扬州漆器用色也很特别，不像其他地区多以黑色为地，上绘彩色，显出明艳效果，而是大量采用酱紫、褐、黄褐、黑褐等为底色绘制图案，或是在朱色地上绘制黄漆，在黑色地上绘制褐漆，总之，使整体色调显得精制、柔美、淡雅、温和。扬州漆器的装饰题材主要是想象中的神禽瑞

兽和羽人形象，另外则是反映社会生活的场
景和山川景象。扬州汉漆在汉代漆器中别具
风格的另一个主要原因是精湛的制造工艺。
从出土来看，扬州漆器善用各种胎质，木胎、
夹纻胎、竹胎等十分丰富，也有用铜胎与木
胎、皮胎与木胎的结合，其中最具代表的则
是薄木胎漆器。扬州汉漆还有着成熟的镶嵌
和金银平脱技艺。另外，扬州汉漆巧妙地把
漆器艺术和铸铜工艺结合在一起，构成了扬
州汉漆的主要特色之一。

　　汉代漆器制造业不仅有官营也有私营的，
在很多出土的漆器上都有烙印的戳记，标记
生产该漆器的作坊。从这些作坊的名可以看
出，有的属于官营性质，有属于官府的手工
业作坊，也有诸侯王和受封列侯直接经营或
管辖的漆器作坊，这点在西汉前期更加突出。
到西汉后期，蜀郡、广汉郡和长安的工官成
为最重要的官营漆器生产机构。工官就是秦
汉时期管理官府手工业的官署，一般由所在
郡太守管辖。到了东汉中期，蜀郡和广汉郡
工官便不再专门为宫廷制造漆器了。这说明
汉代官营手工业正在走向衰落，代之而起的

是由各地豪强地主经营的私营手工业作坊。根据出土的漆器可以推断，汉代私营手工业实际在西汉时期就已经存在，并占有一定地位，只是当时占主体地位的还是官营手工业作坊，到东汉时期，随着地方豪强地主势力的崛起，才进一步发展起来。

（二）汉代漆器的主要考古发现

1. 湖北云梦西汉墓出土的漆器

湖北省云梦县城关西南角的大坟头，发现一座西汉木椁墓，即大坟头一号汉墓。1972 年12月，由湖北省博物馆和孝感地区文教局、云梦县文化馆组成发掘小组，进行清理发掘。该墓为土坑木椁墓，木椁四周填塞白膏泥，大部分墓坑已被破坏，但棺椁保存较好，椁室分为内椁室、头箱和边箱（在内椁室南）三部分。该墓共出土漆木器一百多件，多出于头箱、南边箱和棺内三处。其中耳杯62件、木桶10件、木马8件，其余是盒、盂、盘、壶、耳杯盒、勺、匕、奁、圆奁盒、车和六博局等。漆器大都是木胎，少数作夹纻胎，髹漆，里面红色，外表黑色，艳丽如

中国古代漆器的发展

新。在黑地上用红、褐、金色等色颜料绘有龙凤纹、云气纹、几何纹、四叶纹等图案。

圆盒两件，形制相同，底和盖以子母口扣合。木胎，器内涂红漆，器外涂黑漆，并在黑地上用红、褐两色绘几何纹、云兽纹和植物纹等图案。彩绘漆盂一件，敛口，平沿外折，腹弧形里收，平底。木胎，髹漆，里红外黑，在黑地上用红色绘几何纹、云气纹和植物纹等图案，颈部以及外腹与底部交界绘一道红漆。彩绘漆盘两件，形制相同，平沿外折，敞口，折腹，平底。木胎，髹漆，里红外黑。口沿和腹外上部，在黑地上用红色绘几何纹，图案优美。两件的背面底部有针刻文字。漆耳杯62件，质料有木胎和夹纻胎两种。形制的大小和花纹各有差异，有彩绘花纹，或里外均为褐色或黑色和里红外黑。有些耳杯的外底或耳下有针刻字或烙印文。彩绘圆奁盒一件，圆形，双层。木胎，髹漆，内漆红地，外漆黑地，在黑地上用红、褐和金色绘云兽纹和几何纹等优美图案。内放铜镜、玉璧、木梳等。彩绘椭圆奁盒一件，由底、盖套合而成。木胎，髹漆，里红外黑，在黑地上用红、褐色绘有几何纹和云兽纹等图案。木俑十件，其形制可分为骑马俑、立俑和跪俑三种，纹饰有素面与彩绘两种，其中以彩绘跪俑较突出。用黑色绘眼、鼻、头发，用红色绘口，用红、黑绘衣服上的纹饰。木马八件，形制基本相同，马高大肥硕，四足着地。头、颈、身和四肢分别制作，然后黏合。木雕出两耳及鬃毛，分别在白、黑、黄地上用红色绘眼、鼻以及辔（pèi，一种缰绳）绳、鞍和缰绳。六博木局一件，是古代的一种棋。棋盘近方形，正面在白地上用红漆绘规矩纹，四周绘一道红漆。背为素面，四个侧面用红漆绘有几何纹或植物纹图案。

2. 湖北江陵凤凰山汉墓出土的漆器

1973年，在湖北省江陵县的楚国故都纪南城内发掘了9座西汉早期的土坑木椁墓，出土漆器二百六十余件，主要出自八、九、十号墓。大都为木胎，一般是里面漆红漆，外面漆黑漆，少数的内外均漆黑漆。纹饰主要有云气纹、植物纹、几何纹、水波纹、动物纹、点纹等，多数以朱漆绘出，少数兼用金黄色和深黑色。主要器形有漆盾4件、耳杯

168件、壶8件、奁18件、圆盒5件、盂12件、卮3件、盘41件、案6件、几1件、匕4件、勺两件。

这批漆器中比较精致的有彩绘漆盾，共4件，是专门作为随葬品生产的明器，以彩绘漆木龟盾一件最为精制。整体作龟腹甲形，木胎，外包细篾编织物，涂黑漆（漆不满器），正背两面的上下两端和正面的某些部位，竹篾编织纹外露，状似龟甲纹，背有把手，木雕中空，然后黏合。正背两面和把手两端均有朱绘花纹，笔法粗犷，颜色有些堆砌。正面绘仙人神兽云纹图案，背面绘左右相向而立神人形象。另有小漆盾三件，形制大小相同，用朱红、金黄两色绘卷云纹，无柄。漆耳杯168件。椭圆形，新月形耳上翘，平底。可分成大、中、小三种，纹饰基本相同，多内外均漆黑漆，用朱红和金黄色等在黑地上彩绘纹饰，有的外底部或耳杯下有烙文或针刻文或漆书文字。漆壶共8件，有圆形和扁形两种。圆漆壶6件，有大、中、小三种规模，口外侈、短颈、鼓腹、圆圈足，有的带圆盖。扁漆壶两件，直口、短颈、椭圆形扁腹、长方形圈足。腹两侧和盖上各有一铜环，出土时用细棕绳套壶底，用粗棕绳穿环为系。盖钮上也穿棕绳。漆奁18件，有圆奁、椭圆奁和三足三纽筒形奁三种。圆奁10件，盖底均圆形，一般是上下套盒而成，还有一种由上、中、下三层套合而成，中间有隔，内盛铜镜、木梳、篦、粉盒等物。椭圆形奁5件，有大小两种，盖底均作椭圆形。三足筒形奁，实际是三足筒形的温酒樽，两件，高大于口径，盖上有三S形铜钮，樽身作筒形，底部有三蹄形铜足。纹饰用朱红、金黄两色

图87　江陵凤凰山汉墓变形
鸟纹漆盂及漆勺

图88　江陵凤凰山汉墓
鸟云纹漆双耳卮

彩绘。圆漆盒5件，底和盖均作半圆球形，以子母口扣合。漆卮3件，圆盖，卮身作圆筒形，平底，身侧有鋬（pàn，器物上的把手部分），其中两件一只鋬，另一件有两个对称的鋬。漆盂12件，敞口，浅腹，平底，矮圈足。漆盘41件，平沿外折，浅盘，除内壁漆一周朱漆外，其他都漆黑漆。在黑地上绘朱漆纹，口沿饰水波纹，内底饰云气纹。漆案3件，均为长方形，漆黑漆。漆几一件，几面窄长，两端成圆角，较薄，微向上翘。中部有一方孔，安圆柱形矮足一只。漆匕4件，匕部扁平，细柄。三件漆黑漆，一件匕部正面漆朱漆，背面漆黑漆。其中一件匕部正面绘深灰色流云纹图案，背面绘云纹一朵。漆勺两件，一件勺作铲形，凹底，木胎漆黑漆，另一件圆勺、圆柄，形体极小，为明器。

1975 年，在湖北省江陵县的楚故都纪南城内又陆续发掘了两座大型汉墓，分别是凤凰山168号汉墓和凤凰山167号汉墓。凤凰山168 号汉墓出土漆器一百六十多件，其中耳杯100 件、盘26件、盒6件、盂8件、壶4件、耳杯盒一件、樽一件、卮两件、方平盘一件、案一件、勺两件、匕两件、奁5件、扁壶3件。都是木胎涂漆，里面多为红漆，外面多为黑漆，并在黑地上用红、褐、金黄等色漆彩绘云气纹、云龙纹、鱼纹、豹纹和点纹等图案，有些漆器上还有烙印、刻划和白粉书写的文字。凤凰山167号墓出土漆器九十余件，其器形有壶、盒、盘、盂、奁、卮、耳杯等。绝大部分为木胎，彩绘以黑红两色为主，有云、云鸟、圆点、水波等纹饰。有的器底有烙印、针刻文字。

3. 湖南长沙马王堆一号汉墓出土的漆器

马王堆位于湖南省长沙市东郊五里牌外，离市中心约4公里。地面残存土冢两个，旧传为五代时楚王马殷及其家族的墓地，故名"马王堆"。东西二冢大小相仿，平地兀立，中间链接，形状似马鞍，故又称"马鞍堆"。一号汉墓位于马王堆东土冢的中间。1972年，湖南省博物馆对马王堆一号汉墓进行了发掘，这是个竖穴土坑木椁墓，方向正北，从现存封土顶至墓室底部约20米，葬具由椁室、4层套棺以及垫木组成，棺椁放置在墓室底部正中，里外共6层，包括两层椁板和4层棺板。这样的埋葬规模在木椁墓中来说是级别较高、规模较大的。该墓出土随葬器物共一千余件，其中漆器184件，大部分出于东边箱，少数出土于北边箱和南边箱，全部保存完整，且大部分光泽鉴人，完好如新。在已经出土的汉代漆器中，这是数量最大、保存最好的一批。

长沙马王堆一号汉墓出土的漆器有鼎、钫、锺、盒、匕、卮、勺、耳杯、耳杯盒、盘、盂、案、几、屏风、奁等16种。鼎7件，旋木胎，胎厚，体形稳重，有盖。双耳平直，3个兽蹄形足。盖呈球面形，3个环形钮。器表髹黑漆，器内髹红漆。盖与器身绘红色和灰绿色的旋涡纹和方连纹等组成的几何云纹。足部用朱漆绘兽面纹。器底均书"二斗"两字。钫4件，斫木胎，直口平唇，口沿部分有一领圈，鼓腹，圈足，盖上有4个"S"形钮。器表髹黑漆，器内髹红漆。锺两件，旋木胎，有盖，口微侈，平唇，长颈，大鼓腹，圈足，盖上有3个"S"形钮。器表髹黑漆，器内髹红漆，肩部和腹部为三圈朱色和灰绿色几何云纹。盒4件，旋木胎，盖与器身呈子母口接合，盖顶有一圈凸棱，圈足。器表髹黑漆，器内髹红漆。盖用红色勾勒出三只凤，凤作反首回盼、互相呼应的姿态。盖上和器身腹部绘鸟形图案。盖内和器内均黑漆书写"君幸食"三字。匕6件，斫木胎，分斗和柄两部分，斗作簸箕形，斗内红漆无纹饰，背面黑地，上绘红色和灰绿色云纹。长柄的柄端和柄中间各绘朱色宽带纹一道，其余为黑地，上绘红色、灰绿色的云纹。卮7件，平底、直壁、直口、圆唇，器内髹红漆，器表髹黑漆。勺两件，竹胎，斗以竹节为底，为筒形，柄为长竹条制成，接榫处用竹钉与斗相连结。柄的花纹分为三段：近斗的一段为一条形透雕，上为浮雕编辫纹，髹红漆；中部一段为三条形透雕，上有三个浮雕编辫纹；柄端一段红漆地，上为浮雕龙纹，龙身绘黑漆，鳞爪描红。耳杯共19件。器形相似，大小略有不同，均为斫木胎、椭圆形、月牙形耳、圆唇、小平底。依漆书内容分为酒杯和食杯两类。酒杯40件，杯内均髹红漆，用黑漆书"君幸酒"三字。外壁和杯底髹黑漆，光素无纹。食杯50件，杯内髹红漆，除了一件以外，

其他均黑漆书"君幸食"三字。两耳及外壁
髹黑漆，光素无纹，耳杯书"一升半升"四
字。耳杯盒一件，斫木胎，椭圆形。上盖和
器身两部分以子母口扣合。器内和器盖髹红
漆，器身和器盖均髹黑褐色漆，其上以红漆
和黑漆绘云纹、旋涡纹和几何图案。底部光
素无纹。上下口沿均用红漆书写"軑（dài）
侯家"三字。耳杯盒内套装耳杯7件，其中6

图 89 长沙马王堆
一号汉墓黑地彩绘棺

图 90 长沙马王堆
一号汉墓朱地彩绘棺

图 91　长沙马王堆一号汉墓点纹漆盂　　　图 92　长沙马王堆一号汉墓凤纹漆盒

图 93　长沙马王堆一号汉墓云纹漆锺　　　图 94　长沙马王堆一号汉墓云纹漆钫

中国古代漆器的发展

图 95　长沙马王堆一号汉墓云纹漆案

图 96　长沙马王堆一号汉墓云
纹漆案及杯盘

图 97　长沙马王堆一号汉墓云纹漆鼎

图 98　长沙马王堆一号汉墓云
龙纹漆平盘

图 99　长沙马王堆一号汉墓
卷云纹漆小盘

图 100　长沙马王堆一号汉墓云纹漆匜

图 101　长沙马王堆一号汉墓云纹漆卮
及针刻云纹漆卮

图 102　长沙马王堆一号汉墓
云纹漆具杯盒

图 103　长沙马王堆一号汉墓
单层五子奁

图 104　长沙马王堆一号汉墓
双层九子奁

图 105　长沙马王堆一号汉墓云纹漆匕（上）和
浮雕龙纹漆勺（下）

图 106　长沙马王堆一号汉墓
云纹漆食奁

中国古代漆器的发展

图107　长沙马王堆一号汉墓
动物纹漆食盘

图108　长沙马王堆一号汉墓
卷云纹漆耳杯

图109　长沙马王堆一号汉墓
几何云纹漆耳杯

图110　长沙马王堆一号汉墓漆耳杯内和
底部的漆书文字

图111　长沙马王堆一号汉墓漆几

图112　长沙马王堆一号汉墓漆屏风

件顺叠，一件反扣。反扣杯为重沿，两耳断面三角形，恰与6件顺叠杯相扣合，可谓设计奇特，制作精巧。盘有平盘两件、食盘10件、小盘20件。旋木胎，宽沿、敞口、浅腹、平底。盘内黑漆地上画猫4只，猫用红漆单线勾勒，内涂灰绿色，朱绘耳须、口眼、爪牙和柔毛。

马王堆一号墓出土的这批漆器的花纹主要有三种类型：一是几何纹类型，有方连变体花纹、鸟头形纹、几何云纹、环纹、菱形纹、点纹等；二是龙凤、云鸟、花草纹类型，有云龙纹、云凤纹、云兽纹、龙纹、云气纹、卷云纹等；三是写生动物纹类型，有猫纹和龟纹两种，见于10件食盘内。这批漆器的色彩一般以黑色作地，或者在黑地外加红色作衬色，用朱红和赭色，或者用朱红和灰绿色作画。在所有漆器中，有朱砂、红漆或黑漆书写文字的占149件。有的书写在器物里面，有的书写在器物外面，有的器物里外都有字。这些文字内容有的是物主标记，有的是用途兼祝福语，有的是该器物的容量。另外，在鼎、匕、卮、耳杯、食盘、小盘、奁等73件

漆器上发现有烙印的戳记，它们或打印在器
内，或打印在器外。它们在同一器物上，或
打印一处，或打印数处，从字形推测，可能
是作坊地名。

4. 江苏盱眙东阳汉墓出土的漆器

盱眙县位于江苏省的西部，与安徽省天
长县毗邻。东阳在县城以东70公里处，背依
云山，面向广阔平原，秦汉时期的东阳城址
即坐落于此。1974年，南京博物院与县文化
部门一起清理了8座已经暴露的墓葬，都属于
长方形土坑竖穴木椁墓，有的是一椁单棺，
有的是一椁双棺合葬。该墓共出土漆器一百
多件，器形有奁、盘、案、耳杯、高足杯、
勺、六博棋、盒盖等，其中耳杯居多。漆器
大部分都是木胎，少数是夹纻胎。木胎系用
木块挖削而成，器形有耳杯、案、盘、高足
杯等，夹纻胎仅有奁盒和少量耳杯。漆器一
般内涂朱漆或者赭漆，外涂黑漆，花纹多由
朱漆绘出，线条纤细流畅，主要有云气、卷
云、圆圈、双叶、三角、点纹以及飞禽走兽。

这批出土的漆器中，比较有代表性的有：
耳杯79件，椭圆口，新月形耳，浅腹、平底。

可分大、中、小三种。木胎，杯内漆朱红色，外壁及杯底漆黑色或棕色，外沿及耳上朱绘同心圆圈纹、双叶纹。大型耳杯与勺同出一墓，两者应为一套。大型耳杯形制与一般耳杯相同，唯器形特大。木胎，杯内漆赭色，外壁及杯底漆黑色，外沿及耳上朱绘同心圆圈纹、黑色宽折带纹，外表朱绘卷云纹。勺亦为木胎，长把，内漆朱色，外漆赭色。盘共14件，敞口、平沿外折、浅盘、平底，分大、小两种，盘内漆朱色，中心部位漆赭色，朱绘卷云纹、外圈朱绘几何云纹、口沿朱绘同心圆圈纹、双叶纹、案共7件，长方形、平底，底部两边贴宽木条、四角安兽蹄足。一般外表漆黑色或棕色，内漆朱色，案中心方框用绿色或黄色漆绘花纹。梳妆奁6件，夹纻胎，其中有一件是一套七子圆奁，也就是一个大奁盒内套装7个小的盒子，由盒盖与盒身上下套盒而成。盖顶中心贴柿蒂形铜片，器表有银平脱走兽。一般盖顶、盒身下部、内壁口沿以及盒心等部位髹黑色漆，盒内髹红漆。盖顶、盒身外表及盖心等地绘有纹饰，有卷云纹、云气纹、几何云纹、双叶纹等。

高足杯5件，木胎、铜扣、直口、深腹、铜高足，器内漆朱色，外表漆黑色，朱绘云气纹、几何云纹、菱形纹、圆圈及锯齿纹等。六博棋盘一件，木胎、黑漆。色泽光亮，盘面正方形，刻规矩线，四角凿出柿蒂形镂孔，盘足似"壶门"座。器表绘绿色的奇禽怪兽，捷驰飞奔，姿态生动。盒盖一件，长方形，盝顶盖，盒底四角附四铜泡钉。内漆朱色，外漆黑色。盒内分成三格，分别盛放棋子、筹码。

5. 山东临沂银雀山汉墓出土的漆器

临沂县位于山东省的东南部，在临沂县的南面有两个东西对峙的小山丘，当地称为金雀山、银雀山。1972年，在银雀山发掘了两座西汉木椁墓；1973年，由山东省博物馆和临沂地区文物组组成的发掘小组又发掘了4座西汉墓葬，其中有的保存较好。该批墓葬出土了一批罕见的漆衣陶器和精致的漆器，部分漆器上有铭文。

出土的漆衣陶器共有24件，器形分述如下。漆衣陶鼎4件，子母口，深腹圜底，矮蹄足，长方形小耳。弧顶盖，上有三个鸟头形钮，盖顶和腹部饰弦纹，两耳未穿透。漆衣陶盒4件，子母口，盖和器身像两个对扣的深腹矮圈足碗，通体饰四组平行的弦纹。漆衣陶壶4件，弧顶盖，敞口，圆腹，颈腹部饰三组弦纹，圈足，口颈部呈喇叭形，颈肩有明显分界，腹两侧多有模印花纹的耳，底附矮圈足。漆衣陶异形壶6件，其中"茧形壶"两件，短颈，腹部横长椭圆如茧形，下附圈足，腹部饰竖弦纹。"蒜头壶"一件，小口细颈，口下颈部鼓出凸凹相间的骨朵，形似蒜头，扁圆腹，平底附圈足；颈至腹部饰三组弦纹。漆衣陶盘5件，大口，唇圆折或平折，腹壁上部直，下部折而收敛，小平底，折腹处饰一周凸棱绹纹，也就是绳索状的纹饰，腹壁外面有折棱，里面呈弧形，平底，有的底上面印柿蒂形花纹。漆衣陶匜一件，口、底皆近方形，器壁上部直，下部折而斜收，平底，一侧与口平出一长方形流。

漆木器共28件，除漆盘为夹纻胎外，其他皆为木胎。木胎有两种：一为用木刻成，胎较厚实，如耳杯；一为用薄木片卷合胶粘成，胎骨很薄，奁、盒、卮等皆属此，有的小漆盒胎壁很薄。髹漆用黑、红或褐色，有的还饰金色，技法除描绘外，主要施针刻线纹。耳杯16件，其中漆褐耳杯4件，里外一色，大小一致，其中一件器外面底部有戳记"筥市"二字。字划被漆涂盖，知是在木胎上烙印戳记后再漆的。涂朱耳杯8件，皆外褐漆、里红漆。彩绘耳杯4件，外黑漆，里红漆，口沿内有一周黑漆，在口沿内外及耳上，施朱红色弧形三角，折线组成的几何形花纹。其中有两件外面底部分别戳记有"市府草"和"市"字，都是打戳记后再髹漆的。盘4件，夹纻胎，皆残裂，大口平沿，折腹，小平底。髹黑漆，饰朱红色卷云纹和图案化的鸟虫花纹，图案简练，笔画流畅。其中一件的底部有针刻的"马""门"二字。卮两件，受压变形，耳残失。圆筒状，外黑漆，里红漆，器表绘带状几何形图案。外面底部有戳记"食官"二字，字划内漆皮剥落，可能是漆成后再烙印戳记的。奁两件，里面皆有小漆盒。一件双层七子奁，分盖、上层、下层三部分，可依次套盒。外黑漆、里红漆，表里皆饰有花纹，里面花纹饰于器盖和上层面，在红地上托出一黑漆圆面再饰花纹，朱黑对比，显得格外醒目。纹样主要为针刻云气纹，附以成排的短线或针刺点纹，在针刻线纹的布局上用彩笔勾点，画面犹如翻动的云气。边饰还有针刻的菱形、三角直线、曲线等组成的几何形图案。奁内上层放铜镜，下层原木板底上刻出七个凹槽，嵌放不同形状的小漆盒。小漆盒制作非常精美有单层有双层，形状有圆形、椭圆、马蹄形、长方形等，髹漆与花纹大致与奁相同。另一件为单层圆奁，内有二盒，一圆盒，绘有卷云纹；一盝（lù）顶（原为中国古代建筑屋顶的一种形式，顶部四条正脊围成平顶，四周为四个坡面）长方盒，绘云龙纹和菱形几何纹。木梳四件，梳背弧圆，齿口平齐，齿有疏密两种。

6. 广州西汉南越王墓出土的漆器

1983 年发现的第二代南越王墓坐落在广州市区北面的象岗山上。在国家文物局的指导和帮助下，由中国社会科学院考古研究所、广东省博物馆、广州市文物管理委员会三方派人组成"广州象岗汉墓发掘队"对该墓进行了发掘。南越国是西汉初年的一个地方政

中国古代漆器的发展

权。据史书记载，统一岭南的秦将赵佗趁秦末农民起义之机，割据岭南，建南越国，定都番禺，即现在的广州。

该墓为竖穴与掏洞相结合的石室墓，墓室分为前后两部分，前部3室，后部4室，共7室，全部用粗加工的大小石条七百五十多块结砌而成，南面连接墓道与外藏椁，整体平面呈"土"字形。该墓出土了大量漆器，由于地处南方，潮湿多雨，且土质偏酸，不利于器物的保存，所出漆器大多已残朽，只有少量漆器尚可见器物轮廓，或保留器物的部分残片，还有的只剩一些漆皮和金属质地的附件、饰物等。从残片来看，漆器可分为木胎与夹纻胎两种，有少量扣器。许多漆器都有彩绘，表面多髹黑漆，以朱色漆绘纹彩，也有的漆绘褐彩，器里多为红漆，亦有髹黑漆而绘朱、白诸色的。绘彩的主题以卷云纹、菱形纹、点纹、斜线纹和三角纹等为主。器形有箱、盒、奁、盆、盘、耳杯、金座漆杯、匜、算（bì）筹、骰（shǎi）子、柲（bì）、琴、瑟、博局、卮、案、俑、锺等。

七、三国时期的漆器

（一）三国时期漆器的主要特点

　　继战国秦汉中国古代漆器的大繁荣之后，东汉中期以后，由于政治的动乱，漆器在人们生活中的地位有所下降，漆器的生产开始缓慢，但是随着社会经济的发展，仍然有不少漆器品种和制漆工艺涌现出来，已有的漆器品种不断的丰富完善和发展提高。这一时期出土的漆器数量、种类和精美程度都大不如汉代。由于东吴地处江南，秉承了前代的资源和技术，三国时期的漆器主要以东吴为主。

　　根据考古资料表明，三国时期瓷器开始发展，并逐步取代铜器、陶器、漆器成为社会生活用品的主流，此时漆器开始向多样化和实用化发展。此时漆器的镶嵌和彩绘技术更加成熟，并成为这一时期的装饰特点。东吴朱然墓出土的漆器，最能代表三国时期漆器的发展水平和主要特点。

（二）三国时期漆器的主要考古发现

1. 安徽马鞍山东吴朱然墓出土的漆器

1984 年，在安徽省马鞍山市发现一座土坑砖室墓，墓主为三国东吴右军师、左大司马朱然，墓内出土了一批珍贵的漆器。总数约八十余件，器形有案、盘、羽觞、槅（gé，一种盛放物品的器具）、盒、壶、樽、奁、匕、勺、凭几、砚、虎子（古代的夜壶）、屐（jī，古代一种鞋）、扇、梳、刺、谒等，出土时有的比较完整，色泽如新；有的胎已腐朽，仅存漆皮。现选择其中一部分介绍如下。

宫闱宴乐图漆案，木胎，案面长方形，四缘略高于案面，缘上镶嵌铜皮，铜皮上鎏金。背面附加两木托，托两端有方孔，安装四个矮蹄足，足已残。胎上先粘贴一层粗麻布，然后涂漆腻。背面髹黑中偏红的漆，正中朱书篆书一"官"字。正面中间髹黑红漆，四周髹红漆。主体图案为宫闱宴乐场面，人物众多，人物旁大多有对人或物书写简要说明的榜题。主体图案四周衬托云气、禽兽、菱形、蔓草等纹饰。全部画面在光素的漆地上用朱、黑、金等色漆画出。这种方法现在称为描漆法，又叫设色画漆。季札挂剑图漆盘，木胎，敞口，浅腹，腹底交界处有一道凸弦纹，边缘鎏金铜扣，盘背面髹黑红漆，底部用朱红漆书"蜀郡造作牢"五字铭，字体在篆隶之间。壁上用红、金二色勾画云龙纹。盘正面黑红漆地上绘狩猎纹。向内为一圈红漆地，上绘莲蓬、鲤鱼、鳜鱼、白鹭啄鱼、童子戏鱼等图案。在鱼的表现上已使用了几种间色，用金色和浅灰、深灰表现出立体感。盘中间绘春秋吴季札挂剑徐君冢树的历史故事。百里奚会故妻图漆盘，木胎，敞口，浅腹，平底。背面髹黑红漆，外壁绘云气纹，内壁髹黑红地，边沿绘蔓草纹，其下绘云气纹，向内为一圈红漆地，上面也绘云气纹。盘正中黑红漆地，上面描绘百里奚夫妻老年复合的故事。伯榆悲亲图漆盘，形制、尺寸、衬托纹饰与百里奚会故妻图盘相同。盘中间画榆母笞（chī）子力衰，伯榆悲戚的故事。童子对棍图漆盘，木胎，敞口，浅腹，腹底交界处有一圈凸弦纹。外壁及底髹黑红漆，底部朱红漆铭"蜀郡作牢"四字。盘内壁黑红漆地上饰云龙纹。向内一圈红漆地上饰鱼、莲蓬、水波纹。盘中间黑红漆地上部画山峰及两童子持棍对舞的图案。贵族生活图漆盘，平沿直口，浅腹平底，沿与腹下各有一道鎏金铜扣。盘内壁及底髹红漆，外壁及底髹黑红漆。盘内绘有12人，分为三层：上层为宴宾图；中层左边为梳妆图，中间画对弈图，右侧画驯鹰图；下层似为出游图。素面漆盘6件，木胎，敞口，盘内髹一圈褐红漆，余均髹黑红漆。犀皮黄口羽觞两件，皮胎，椭圆口，平底，月牙形耳，耳及口沿镶嵌鎏金铜扣。器身属"黑面红中黄底片云斑漆皮"，表面光滑，花纹自由流畅，如行云流水，匀称而富有变化。槅，木胎，长方形，子口，壶门形足，失盖。槅四壁外侧及底部髹黑红漆，用金、绿、黑漆绘蔓草纹和放鹰图。内分为7格，在红漆地上用金、黑漆分别绘神禽或神兽。漆砂砚，木胎，长方形盒，分为四层，为三盘一盖，可以叠合。下为底盘，可以放置研石（古代磨墨的用具）、颜料

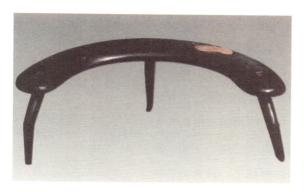

图 113 东吴朱然墓
黑漆凭几

图 114 东吴朱然墓季札挂剑图漆盘　　图 115 东吴朱然墓童子对棍图漆盘

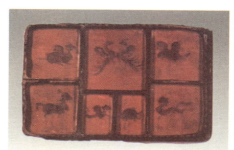

图 116 东吴朱然墓漆槅

中国古代漆器的发展

等，附壸门（一种图案装饰的造型）状足。上为砚盘，砚池内涂黑漆和细砂粒，以增强摩擦糙度；池上方有一方形小水池。再上为笔架盘，最上面是盖，外髹黑红漆，内髹赭红漆。平面正方形，顶部似盝顶，但转角圆缓。顶面和四侧针刻青龙、白虎、朱雀、麒麟、天禄等带翅神禽神兽65个，神禽神兽间用行云纹相贯连。锥刻线条简练流畅，神态逼真，刻纹内戗金。凭几，木质胎，髹黑红漆，扁平圆弧形几面，下有三个蹄形足。漆尺，木胎，上原有镶嵌物，出土时已脱落。刺，14件，木质，长条形，素面，形制大小相同。正面直行墨书，字体隶中带楷。谒，三件，木质，长方形，素面，形制大小相同，行文相似。刺和谒都是古代的一种名帖，相当于现在用的名片。匕，三件，木胎，长舌形，其中一件出土于漆盘内，当为漆匕。黑红漆地上用红、金二色绘出装饰图案。

八、两晋时期的漆器

（一）两晋时期漆器的主要特点

由于东汉以来瓷器的发展和逐渐成熟，到两晋时期，瓷器已经开始在人们的日常生活中占据主导地位。漆器逐渐衰微，已不如战国、秦、汉时期那么丰富，却也在南北不同地区都有所发现，如广州、江苏、辽宁、新疆、江西等地。其中比较重要的有南昌一带的晋墓和南京大学北园东晋墓。这一时期各地出土的晋代漆器各有特点，总体来看，两晋时期在彩绘漆器之外，以简约为特点的素漆非常流行。

（二）两晋时期漆器的主要考古发现

1. 江西南昌晋墓出土的漆器

1974 年，江西省博物馆考古队先后在南昌市东湖区永外正街和西湖区老福山各清理了一座晋墓。

东湖区永外正街晋墓系券顶砖室结构，平面呈长方形，分前后两室，墓中出土有青瓷、铜器、铁器、木简、木方、漆器及金、银装饰品等。漆器有三件耳杯和一件槅。三件耳杯形制相同，大小各异，通体施黑漆，均残破。槅的口沿处有盖槽，缺盖。平面呈长方形，内分七方格，有足。盒底端有朱漆隶书"吴氏槅"三字，应是吴氏生前使用的槅。其底端、四角及口沿处施黑漆，其内及四侧中部施朱红漆。这样的装饰方法与三国时期出土的漆槅十分相似，这说明三国时期出现的漆器新品种在西晋时已经流行。

西湖区老福山晋墓亦系券顶砖室结构，平面呈凸字形。全墓分甬道、前室、后室三部分。甬道就是通往墓室的通道。墓后室置放两副完整朱漆木棺，但人骨架完全腐烂，棺内满积黑色稀泥，左为男棺，右为女棺。因墓内积水，两棺位置已经不在原处。该墓的出土遗物有青瓷器、漆器、铜镜、铜印及金、银装饰品等。其中漆器为两件漆杯，口微敛，深腹，小平底，通体施黑漆。男女棺内各出一件。

1997 年，南昌火车站站前广场北侧相继发现6座东晋墓葬。其中4座为券顶砖室墓，平面呈长方形，3座大部分被毁，一座基本完整；一座为"四隅券进式"穹隆顶墓，破坏严重；还有一座为砖室墓，完全被毁，仅见一副已毁棺木。6座墓葬共出土漆木器、青瓷器、铜器、铁器、金银器、滑石器等124件，其中漆器26件，为了解晋代漆器提供了难得的资料。

这批漆器的类型有奁盒、平盘、耳杯、攒盒（一种分成多格用以盛糕点果肴等食物的盘盒)、凭几、箸、匕等。车马人物纹奁一件，圆形，直口，直壁，壁为竹胎，木底。内壁与内底髹红漆，外壁上下为朱红色宽带纹边及云纹、弦纹、圆点纹，中间部分以黑漆为地，描绘车马人物三组，间以勾线纹等。画面大体以金黄色勾线，以朱红、赭色等平涂，人物形象较为丰腴，面部丰满，马匹健硕有力。宴乐图平盘一件，圆形，卷木胎，平折沿，浅腹，直壁，平底。口沿、外壁及底髹黑漆，口沿、外壁饰以朱红弦纹、圆点纹。内壁内底为朱红色，内壁饰两周黄色联珠纹及圆点纹。内底在朱红地上以红、黄、黑、灰绿等色彩满饰人物、车马、鸟兽及勾线纹等。人物图案以上下两组人物为中心，描绘了贵族宴乐巡游的场面，整个盘底绘有20个人物，皆面部丰满圆润。图案用黑色勾线，再平涂作色，设色浓淡有致。这些精美漆器用色丰富，有红、黑、灰绿、黄、橙等色，人物线条飘逸流畅。另外，双耳漆托盘和扇形漆攒盒是晋代新流行的漆器品种。双耳漆托盘两件，旋木胎，长方形，两耳底部及盘底髹朱漆，两耳上部及盘内矩形髹黑漆，矩形外四周髹红漆。扇形漆攒盒五件，卷木胎，呈扇面形，内壁底髹红漆，外施黑漆。

2. 南京大学北园东晋墓出土的漆器

南京大学北园东晋墓位于江苏省南京市鼓楼区南京大学北园东北部鼓楼岗的南坡上，方向为南略偏西，是一座双室的砖墓。由墓门、甬道、主室、侧室甬道、侧室等部分构成。该墓中的葬具已全部被毁，随葬器物十分凌乱，经过整理有陶器、青瓷器、金器、银器、铜器、铁器、漆器等百余件，其中有的金饰片的背面附有少量漆皮，根据所得资料推测这是一件方形木胎漆盒，其四个立面上均以金片做边饰，并将镂金饰片嵌在立面正中。

九、南北朝时期的漆器

（一）南北朝时期漆器的主要特点

南北朝时期很多政权都是由少数民族建立的，这些少数民族政权积极吸收中原汉文化，并与之交流、融合和碰撞，使得这一时期的漆器既有浓厚的汉文化特征，又带有一些少数民族的独特风格。其中主要的发现是山西大同北魏司马金龙夫妇合葬墓出土的漆屏风和宁夏固原北魏墓中出土的漆棺板。南北朝时期南方的漆器文化延续了东吴和两晋的特点，风格相对稳定，而北方漆器主要以北魏为主。北魏是由古代少数民族鲜卑拓跋部建立的政权，少数民族文化与汉文化的交流与融合促进了漆器的发展，使得这一时期的髹饰工艺，特别是漆器装饰水平取得了很高成就。

(二) 南北朝时期漆器的主要考古发现

1. 北魏司马金龙夫妇合葬墓出土的漆器

北魏司马金龙墓位于山西省大同市东南石家寨村附近。大同市博物馆于1965年底开始对该墓进行清理，1966年才发掘完毕。该墓为砖砌多室墓，由墓道、墓门、前室甬道、前室、后室甬道、后室、耳室甬道、耳室组成，规模宏大，虽然早期被盗过，仍出土了大批陶俑、生活用具以及墓志、木板漆画等计454件，为以前所少见。根据出土的墓志可知该墓的明确纪年为延兴四年（474年）、太和八年（484年）的北魏早期墓葬。其出土遗物中出土的制作精美的木板漆画、石雕柱础为很珍贵的艺术品。这些文物充分显示了古代劳动人民的高度智慧和创造才能，为研究北魏时期的社会文化，工艺技术等情况提供了重要的实物资料。

木板漆画较完整的有5块，出于后室甬道西侧，有榫卯相接。板面遍涂红漆，题记及榜题（题记和榜题都是字画、碑帖、书籍等前面的纪念性文字）处再涂黄色，上面墨书黑字。绘画中线条用黑色，人物面部手部涂铅白已剥落，其余有黄、白、青绿、橙红、灰蓝等色。木板屏风两面均有画，每幅有文字题记和榜题，说明内容和人物身份。绘画的内容，或是取材于《列女传》《孝子传》，或是表彰帝王将相、高人逸士，或是劝诫、寓意等。根据史书记载，汉代时屏风就很流行，多是帝王贵胄放在身后以挡御风寒的。司马金龙是原晋代皇室后裔，后降魏仍居高官要职，所处时期正是北魏孝文帝迁都洛阳，大力推行"汉化"政策的前夜。这件彩绘描漆屏风以及漆画所反映的服饰和内容，都属于传统的汉文化。从漆画和工艺来看，这件漆屏风继承了战国和汉代漆画的传统，色彩富丽，图像生动，边框精美。其绘画风格比汉代常见的大笔平涂、单线勾勒的画风又前进了一大步。它的色彩渲染及铁线描的画法，又具有晋唐以来独特的风格。画面的人物描写使用了浓淡渲染，较好地表现了立体感和肌肤色调。线条的运用富有节奏感，悠缓自然。人物形象也栩栩如生，从姿态中表露出了身份和纵深远近的关系。在构图上，采取了中心人物大于陪衬人物的手法，达到了突出主题的效果。屏风上大片的题记和榜题文字，是少见的北魏墨迹。

2. 宁夏固原北魏墓出土的漆器

固原位于宁夏回族自治区南部，是古代西北地区的一座重镇，有着悠久的历史和丰富的文化遗存。1981年，固原县文物工作站对该地一座北魏时期的古墓进行了清理。此墓位于固原县城东清水河东岸的雷祖庙附近，是一座夫妻合葬墓。墓虽未被盗掘，但年代久远，已受到一些朽损。墓中男性墓主的棺具为漆棺，其上绘有精美的漆画也就是棺板漆画是北魏时期漆器艺术的杰作，此外还出土了波斯银币以及铜器、陶器等珍贵文物。

棺板漆画的漆片已脱落破碎，经过整理后部分可以恢复。漆画以红色为底色，以铁朱（赭色）、石青、石绿、黄色等调漆绘制，部分黄色及蓝色之下开金，白色（蛤粉）则似未调漆，以彩色或墨线勾描。绘画内容丰富，装饰精美华丽，其表现方法、色调以及忍冬纹装饰图案的处理上，与大同北魏司马金龙墓中发现的屏风漆画有相似之处，但在艺术风格、故事题材、人物服饰、榜题书体等方面又有所差异，尤其是固原棺板漆画上的联珠龟背纹、火焰纹以及佛教人物等，又为司马金龙墓屏风漆画所不见。这些异同可能与墓葬时代、地理位置、墓主人的族属等有关。在汉代及其之前，一般漆器髹饰厚度为0.7厘米左右，而固原棺板漆画的厚度仅为0.2厘米。其画面熟练地使用了描金和贴金法组成花纹，在绘画所表现的内容、技巧方面都远远超过了以前的髹饰工艺。漆画的布局疏密得当，繁而不乱，红、金、黄、蓝、橙、黑诸色明快而有感染力，敷色精细，衣纹生动，线描自然流畅。是北魏至南北朝漆器中具有代表性的杰作。

十、隋唐时代的漆器

（一）隋唐时代漆器的主要特点

　　隋代和秦代一样，都是短命王朝，但是与秦代漆器的丰富繁荣不同的是，到目前为止，还没有发现明确的属于隋代的漆器。唐代的漆器虽然有所发现，但数量非常少，日常生活用品更少。尽管如此，结合考古发现、文献记载以及传世漆器，还是能得知唐代漆器的一些特征。

　　唐代漆器重视镶嵌装饰，特别是金银平脱和嵌螺钿工艺。金银平脱漆器技艺复杂，技术要求高。一般是在制好的素胎上，将镂刻好的金、银箔纹样根据需要用漆粘贴在相应部位，然后再髹漆、阴干、再髹漆这样反复多次，最后再将漆器表面进行打磨，直到露出花纹为止。唐代的金银平脱技艺继承了汉代的嵌金银箔花纹漆器的传统，但雕刻得更加精细，这是与唐代金银器工艺的发展相关联的。唐代金银平脱漆器的制作已经有了明确分工，镂刻金银箔片、镶嵌在漆器上等工序，都是由专门工匠负责。唐代金银平脱漆器大都制作于唐代中期，制作中心是长安的官属作坊以及四川、洛阳、扬州等地。嵌螺钿工艺是用纯贝壳，或是与玳瑁、琥珀、松石等并用，在漆器上产生浅浮雕式的装饰效果，广泛流行于唐代中期，在河南、陕西、新疆等地都有所发现。

唐代佛教文化昌盛，漆器中的夹纻工艺也用在了制作佛像上。并且因为夹纻漆器的发展，一些大型漆器得以制造。夹纻漆器是指夹纻胎制作的漆器，就是先用泥塑成胎，后用漆把麻布贴在泥胎外面，待漆干后再涂一道漆，如此反复髹漆多次，最后把泥胎取空。用这种方法塑像又称"干漆造像"，又有"脱胎像""脱空像"之称，其特点不但柔和逼真，而且质地很轻，因此又称"行像"。实际上，我国早在魏晋南北朝时期便兴起了制造夹纻造像，由于这种造像轻便，容易搬移，不怕日晒雨淋，很受佛教徒的推崇。据文献记载，唐代扬州大云寺和尚鉴真东渡日本时，就将这种工艺带到日本，他的弟子也为鉴真造了夹纻漆大像。除了佛像，唐代还将夹纻制漆法用于建筑用瓦。据《旧唐书》记载，武则天时期在洛阳建筑高大明堂，为减轻屋顶承受力，创造力"刻木为瓦，夹纻漆之"的漆瓦。

从为数不多的考古发现以及文献记载看，唐代的漆器制造业还是非常发达的。在唐代漆器中，素色漆仍是主流，有黑、朱、金、绿沉漆等。绿沉漆呈暗绿色，如物沉水之中，其色深沉、静穆。实物目前仅见陕西法门寺地宫所出的绿沉漆金平脱碗。另外，根据文献记载，唐代已有雕漆。不少研究者将唐代作为雕漆的首创时期，开创了宋、元、明时期盛行雕漆的先河。但遗憾的是人们至今尚未见到《髹饰录》中黄成所发现的唐代雕漆。唐代漆器出土分布广泛，全国大部分地区都有出土唐代金银漆器，除了日常生活用品外，唐代平脱铜镜、素色漆器等也较多发现。

（二）隋唐时代漆器的主要考古发现

1. 新疆吐鲁番阿斯塔那唐墓出土的漆器

1967 年，新疆吐鲁番阿斯塔那墓群发现了唐代嵌螺钿木漆盒。此器为木胎，由身与盘两部分组成。有子口，圆腹，口腹结合处有一周凸棱线。从露胎处可见漆胎上有很紧的灰腻，覆粗麻布，黑漆退光。

退光漆工艺是我国古代一种传统的生漆工艺，是在已经干燥的漆膜表面，经湿磨砂（工艺上叫"退"，俗称脱衣或破子）后，用手掌摩擦漆膜表面使之发热放光。这种古老繁重的操作过程就是退光漆工艺的来龙去脉，因工艺是用于手掌摩擦漆膜表面而发热放光故又称推光漆工艺。

2. 扬州唐代木桥残迹出土的漆器

1978 年，在扬州市迎宾路西工段施工过程中发现一座木桥的桥桩残迹，横跨在南北流向的古河道上，并有大量的唐代文化遗物伴随出土。河床内出土的遗物，有各种釉色的瓷器、瓷片、三彩片、铜钱、陶器及不少的残漆器。漆器共计10件，均为素面黑漆髹成，有木、竹胎两种。只有两件碗、盘比较完整。碗底部有朱书文字，字迹不清，难以辨认。

3. 湖北监利县唐代砖室墓出土的漆器

1978 年湖北省监利县在挖河工程中，发现了一座长方形券顶土洞小型砖室墓。经清理，出土了一批珍贵的漆器，还有几枚开元通宝钱和几件已残的三彩陶罐。据初步鉴定，这批漆器，均系木胎，外表髹褐黑色漆，内表髹朱漆，无彩绘纹饰，造型精致，保存完整，其中有漆碗、漆盂、漆盘、漆勺、漆盒等。其中大漆碗一件，椭圆形，花瓣状口沿，小漆碗两件，口沿似花瓣形。漆盘两件，平底，弧形壁。漆盒一件，呈长方形，盖与底以子母口扣合，内有一夹层浅盘。漆勺一件，侧视呈瓜瓢形，勺把残。漆盂一件，形状略似泡菜坛，但腹部扁矮。特别值得注意的是，这批漆器除漆勺是整木雕成外，其他的器胎制法与木胎、皮胎、夹纻胎均不相同。它们的做法是采用0.2厘米宽的薄杉木条，一圈圈卷制成器形，外裱麻布，然后髹漆。因而胎质极轻、薄，既坚牢耐用，也易脱水保存。

图 117　唐　湖北监利县
砖室墓海棠式漆碗

出土时，这批器物泡在水中，取出放置一段
时间后，就自然干燥了，器形也没有收缩变
化。这种器胎的制法，在我国漆器工艺史上
未见记载。据我国漆器研究专家介绍，全国
仅在浙江发现过一件类似的宋代漆碗。这批
唐代漆器的发现，把我国古代漆器木条圈卷
工艺出现的时期从宋代提前到唐代，它为研
究我国漆器工艺史提供了重要的实物资料。

4. 陕西扶风法门寺塔唐代地宫出土
的漆器

　　法门寺是我国境内的著名古刹之一，位
于陕西省扶风县北的法门镇，至迟在北魏时，
寺内已有珍藏释迦牟尼佛真身指骨的宝塔。
1987 年至1988年经过多次发掘，发现明代塔
基、唐代塔基地宫。出土的大量遗物可分两

类，一类是佛指舍利；另一类是为供养舍利
而奉献的物品，包括金银铜铁器、瓷器、玻
璃器、珠宝玉器、漆木器、石质器、杂器以
及大量的纺织品和货币。

其中具有代表性的器物有描金加彩黑漆
宝函。此为存放唐懿宗供奉的第一枚佛指的
八重宝函的最外一层，宝函为正方形，边长
30 厘米，通体用檀香木制成，有雕花银棱。
其内壁髹黑漆，外壁是描金加彩减地浮雕释
迦牟尼说法图和阿弥陀佛极乐世界图。另有
一批描金漆器及漆碗也是采用描金加彩工艺
制成的。银包角檀香木函是存放第三枚佛指
的五重宝函的第三层，长、宽约16厘米，外
壁髹黑漆，四角包银角。绿漆金平脱碗，呈
钵式，外壁髹绿漆，并缀以波涛纹金平脱团
花，口沿饰金平脱弧线纹。

十一、五代时期的漆器

(一) 五代时期漆器的主要特点

五代时期，社会动荡不安，漆器的发展有所衰落。但是由于江南地区相对稳定，社会经济得以继续发展，手工业生产水平也进一步提高，特别是江苏、浙江、四川等地的漆器制造方面取得很大成就。漆器制造中心与经济中心一道转移到了南方，江苏、浙江等地成为漆器的主要生产地。

五代时期的漆器基本继承了唐代晚期的风格，却又有所发展。在日常生活用品方面，漆器中的碗、盘、盒等与同时期的瓷器形制基本相同。在素色漆方面，仍然保持了晚唐风格。在制胎工艺方面，形成了新的木胎圈叠法，也即木条圈卷工艺。湖北监利唐代墓出土的漆器中已经开始采用了这种方法。成都王建墓、扬州邗江墓出土的银平脱漆器表明，这一时期的平脱工艺已经达到了相当高的水平。其中最能代表五代时期漆器发展水平的是从苏州瑞光塔和湖州飞英塔发现的嵌螺钿漆器。这些漆器都是当地生产，无论形制、种类，还是技艺，其水平都超过了唐代，更超过了其他地区。

五代时期南方地区漆器的发展，为宋代漆器在南方的繁荣奠定了重要的基础，提供了充分的条件。我们可以认为，五代时期的漆器在从唐到宋的漆器发展过程中起到了承唐启宋的关键作用。

（二）五代时期漆器的主要考古发现

1. 四川成都前蜀王建墓出土的漆器

1942年至1943年，由四川博物馆、前中央研究院和前中央博物院发掘了前蜀王建墓。此墓虽然几经盗掘，但仍出土了一些珍贵的五代漆器，其中有门、棺、椁、册匣（盛放册命的匣子）、宝盝（用以放置帝后宝印的箱子）、镜盒等。特别是其中的银铅胎漆碟，为所发现的此类器物中时代最早的；镜匣亦为出土平脱器中之最精美的。

银铅胎漆碟为五瓣形，圆底，圈足。胎分两层，内层为银，外层为铅。外层表面极粗糙，其上髹漆，但漆已脱落，仅余痕迹。碟面不髹漆，故银胎露于外。银胎上用极薄金皮一层，将花纹钻于银胎之上，钻痕直透至铅胎上。空白处将金皮镂空，故银胎与金华相映。碟底刻飞翔的双凤而以卷草纹为地。底边和口缘刻莲瓣，而用分瓣纹将其分为五段，每段之中刻滑草纹。空白处则刻极细的圆圈纹。镜匣系一金银平脱朱漆盒，正方形，盖、盒用子母式扣合，因盒上的子口在揭开盖后显露于外，故其上仍镶L形银扣，一方面可增强其力量，同时亦显得美观。盖面饰以方形团花，团花以丽春花纹为地，中刻双狮戏球。周郭用四侧的银镶边卷转约3毫米作边。盖的四侧两银镶边之间，嵌条枝花纹一道。盒身较高，两道银镶边之间铅丽春花纹一条。图案的结构以花、叶为中心，两边各镂瑞雀一只。该镜盒的设计及雕镂均臻上乘，系一极成功的作品。平脱器在唐代为极贵重之器，平脱花纹的质料，不一定用金银，也可用玉或其他种类的宝石；胎也不一定用木胎，也用金属。

2.江苏扬州邗江县蔡庄五代墓出土的漆器

1975 年，江苏省扬州市邗江县杨庙公社殷湖大队蔡庄生产队，发现了一座五代墓的前室砖顶和墓门与甬道的券顶残迹。伴随墓室的发现还出土了一批随葬器物，但大部分被破坏和翻动，现存的遗物计有木俑、木器、乐器、陶器、金属器皿等类。墓中出土的漆器残破严重，可知有残存一半的并蒂莲状漆器一件，木胎涂黑漆，器内有金属平脱剥落的痕迹。圆形漆器两件，一件上朱书"胡真"二字，下署花押，花押是一种带有个人化署名意义的印章，功能类似现代的个人签名；另一件上朱书"胡真盖花叁两"六字，下署花押。另有很多漆器残片，都有金属扣或金银平脱剥落的痕迹。其中两块保留银平脱花纹：一为"绶带鸟"作飞翔状；另为有缠枝蕙草图案的器口。

3. 江苏省苏州市瑞光寺塔出土的漆器

瑞光寺塔在苏州市盘门内。1978年在第三层塔心的窖穴内发现了一批文物。窖穴为正方形，穴口盖着一块石板，石板上放着模制泥质观音像两尊。穴内的文物已遭受严重破坏，经过专家们初步清理和鉴定，其时代确定为五代和北宋初期。塔中发现的漆器珍珠舍利宝幢和嵌螺钿藏经箱，具有浓郁的五代风格。

珍珠舍利宝幢，通高122.6厘米，由须弥座、经幢和刹等主要部分构成。须弥座分底座、须弥山两部分，基本上都是木胎夹纻朱漆描金或漆雕。底座呈八角形、八足，足上贴以类似狻猊的漆雕装饰，束腰每面作如意头或云头的镂空，内置银丝编变形如意；第一、二层均以描金牡丹。宝相花图案漆雕包

图118 五代苏州瑞光塔黑漆嵌螺钿花鸟纹经箱

角，每面有描金几何纹，中部为一朵嵌宝海棠花；第三层八面为描金牡丹图案，面上贴两个雕漆供养人像。底座上置须弥山，宝山顶有一座殿堂，殿顶置一红漆木胎佛龛，内有浮雕佛像四尊。花鸟纹嵌螺钿黑漆藏经箱，长35厘米，高12.5厘米，木制，夹纻胎，黑漆，分为箱、盖及台座三部分，通体用天然彩色螺钿镶嵌成各种花卉图案。盖面用贝壳嵌出三朵并联的团花纹，团花由二十多片大小不同的贝片组成，中间的较大，四周的较小，中央及四周大贝片上有镶嵌孔。盖壁正背面各有四组横列的由三块贝片组成的花叶纹图案，其间有三只展翅飞鸟的贝片。箱身立墙正背面嵌石榴、花卉纹图案，两侧立墙为花叶图案，是用较大的贝片切割而成的。台座壶门，内贴嫩芽形图案的木片，上面印金箔，壶门两边各以五瓣形贝叶图案补空。盖、身、台座四周边缘镶嵌条带形纹饰，由花苞状、四瓣花形、鸡心形等不同形状的细小贝片组成。据统计，经箱上使用的贝片有七百多片，厚度在1厘米左右。其贝片的切割方法和唐代漆背螺钿镜同属于厚螺钿一类，贝片的雕刻特点也承袭了唐代的工艺手法。

4.湖州飞英塔出土的漆器

飞英塔位于浙江省湖州市塔下街，塔体分内外两重。内塔实质，仿木构楼阁式，八面五层，始建于晚唐，重建于南宋。外塔为砖木混合结构楼阁式，八面七层，始建于宋初，南宋重修。1986年，在飞英塔维修过程中发现外塔壁中藏有黑漆木胎嵌螺钿经函一件，已散架，函内原装《妙法莲华经》一部，已朽蚀，以及"周元通宝"铜钱等一批五代文物。

经函为一件嵌螺钿木胎漆器，复原尺寸长40.3厘米、宽20.8厘米、高23厘米。盝顶，函身连座，通体髹黑漆，外部嵌螺钿，所用贝片大多呈乳白色，少许略现彩色珠光。用贝片构成的图样，外形割制精细，中间加雕刻纹，镂空之处，均以绿松石镶填。经函外表以贝壳镶嵌图案，其中函盖顶板饰三朵宝相花，每朵由25片组成；斗板饰带弯柄的宝相花，旁边的宽面中间为三尊佛像，两侧是狮子和白象，其间有花鸟，其余均饰羽人和飞天，间隙衬以祥云、花鸟等。函身壁板连

中国古代漆器的发展

座，以一条方木线脚条隔开，线脚条上排列着66朵梅花。基座部分环饰双圈如意头14个。函身四周均为礼佛图。两个宽面横档，一面饰坐佛3尊，另一面中心饰1尊坐佛，两侧有8个不同姿势的供养人、菩提树和火焰。函底板饰菱形配三角图案，并有楷体朱书题记"吴越国顺德王太后吴氏谨拾宝，装经函肆只入天台山广福金文院，转轮经藏，永充供养，时□亥广顺元年十月□日题记"。"广顺元年"是五代时期后周第一年，经函的主人即末代吴越王钱俶的生母吴汉月。

十二、宋代的漆器

（一）宋代漆器的主要特点

宋代手工业在唐代的基础上有了进一步的发展和提高，特别是官办手工业管理机构庞大，瓷器、漆器等手工业产品广泛进入了市场。漆器的生产也比唐代有了较大发展。宋代漆器制造的中心主要在南方，并形成了温州、杭州等漆器制作中心。宋代漆器的主要品种有一色漆器、戗金漆器和雕漆等。

一色漆器是宋代的主要漆器品种，指的是器物通体髹一种颜色的漆器。有的表里颜色不一，或者虽表里颜色相同但底足颜色不一的，也归为一色漆器。由于没有任何装饰和花纹，也成为"光素漆"。从考古发现可知，宋代一色漆器出土数量多，分布广，器物用途广泛，制作地点多。宋代一色漆器以黑色为主，兼有红色、褐色、赭色和黄色等。器形有饮食用具中的盘、碗、碟、盒、钵、罐、勺、盆、盏托等，梳妆用具中的奁、粉盒、梳子，文具中的笔筒、镇纸、画轴，家具中的几、瓶、棒、剑等。花瓣形碗、盘以及各种形状的盒是这个时期的流行器形。碗、盘等大都与同时期的瓷器造型相同。在制作工艺上，多以薄木胎制成，特别是采用了晚唐五代时期的圈叠法。它是从薄片屈木胎的基础上发展而来的，制作的漆器不易变形，是漆工艺制作的一大进步。宋代一色漆器多有铭文，由此可知制作地点主要有温州、杭州、襄阳、苏州、江宁府、常州、湖州、四明等。说明宋代漆器制作中心已经南移，并主要在江浙一带，这是与经济重心的南移密切相关的。

所谓戗金就是在朱色或黑色漆地上，用针尖或刀锋镂划出纤细花纹，花纹内填漆，然后将金箔或银箔粘贴上去，打进行打磨处理，形成金色或银色的花纹。戗金漆器西汉时已有，发展到宋代已经技艺娴熟，刻画精细，达到了炉火纯青的地步。有的戗金漆器上还注明了制作时间、地点和工匠姓名，表明主要制作地点在江浙一带。宋代戗金漆器已经形成了自己的风格：其一，在画面构图上疏密有致，突出所要表现的主题；其二，在戗金工艺上采用细钩纤皴技法，物象细钩之间一一划刷丝；其三，在艺术效果上，无论是表现人物，还是表现花卉，已达到戗划与绘画浑然一体的效果。

雕漆的兴起是宋代漆器发展的一个突出成就，目前所见最早的雕漆实物是宋代的作品。雕漆是在已做好的木胎上层层髹漆，待达到一定厚度时再按所需图案雕刻出花纹。因所雕漆色的不同，又分为剔红、剔黄、剔彩、剔绿、剔黑、剔犀等若干品种。雕漆的出现虽然比较晚，但却后来居上，成为唐代以后漆器的主要品种。宋代雕漆目前只有剔黑、剔红和剔犀三种。剔红也叫雕红漆，剔黑也叫雕黑漆。目前考古所发现的宋代雕漆，主要是剔犀。剔犀是用两种或三种色漆，先在胎骨上用一种色漆刷若干道，积成一个色层，再换一色漆刷若干道，再积成一个色层，如此有规律地用两种或三种以上色层达到一定厚度，再用刀雕刻出云纹、回纹、卷草纹等，在刀口的断面显露不同的色层。因此，剔犀虽然仍属于雕漆范畴，只是以雕刻线条表现纹饰，但却比纯色雕漆更富于变化。雕漆一般只是以线条简练、流畅大方的云纹、回纹等为主，并不雕刻山水人物、花鸟鱼虫等。其出现时间，一般认为始于宋代。

（二）宋代漆器的主要考古发现

1. 杭州老和山宋墓出土的漆器

1953 年，杭州西湖区老和山东麓发现了4座小型宋墓，共出土9件漆器。漆碗，大小三件，恰成一套，均系薄木胎，表里都髹成黑色。在碗的外口下有朱书一行"壬午临安府

图 119　杭州老和山宋墓漆盒

图 120　杭州老和山宋墓漆盘

图 121　杭州老和山宋墓漆碗　　　　图 122　杭州老和山宋墓漆奁

图 123　杭州老和山宋墓漆剑

符家真实上牢"等字样。推算这些漆碗应该是在南宋高宗绍兴三十二年（1162年）制造的。"符家"大概是作器人的姓氏。漆盘一件，胎质和色泽都和上述漆碗相同。此盘的边缘部分略有残缺，盘的外下口也有一行朱书"壬午临安府符家真实上牢"的字样。小漆棒一件，全长17.5厘米，木胎黑漆，并且上细下粗，好像茄子的形状，可能是作为搅拌之用。漆盒两件，一件是厚木胎，表里髹成黑色；一件是薄木胎，表里也髹成黑色，内盛玉玛瑙和玻璃质地的小饰件12个，以及"天下太平"小钱一板。漆奁两件，均系薄木胎，表里都髹成黑色，器盖和器身相合的地方都镶有铜箍。漆剑一件，似乎是竹胎外髹黑漆。还有一些漆器的漆皮和木胎残片，漆皮都是薄木胎，表里髹成黑色；木胎是和漆器脱离关系以后的余留，有厚的和薄的两种。

2. 江苏淮安宋墓出土的漆器

1959年11月，南京博物院在江苏淮安西南的杨庙镇，清理了5座宋代墓葬。其中两座有纪年，一座为嘉祐五年（1060年），一座为绍圣元年（1094年）。这5座宋墓共出土漆器

图 124 淮安宋墓花瓣式平底大漆盘

图 125 淮安宋墓花瓣式圆底漆碗

图 126 淮安宋墓平底大圆漆盒

图 127 淮安宋墓平底圆漆钵

75件，是迄今宋墓中发现最多的一次。其中漆盘27件，均为花瓣式，分六瓣和十瓣两种。有的盘内髹红色、盘外髹黑色，有的内外均髹红色。漆盒9件，有圆形、长方形、腰形、菱花形。另外，还有漆罐5件、漆梳4件、漆钵两件、漆茶托两件、漆画轴两件、漆几一件、漆笔床一件、漆镇纸一件、漆筒一件。上述漆器的颜色以黑色为主，酱红色较少，但有一部分是内黑外红或内红外黑的。其中有19件漆器上有文字，凡底部和外部有文字的地方全部髹为黑色，文字用红色。文字有的是单个的字词"香""库""杨中"等；有的表示地名人名结合，如"杭州胡""杭州胡二"等；有的还有时间，如"己酉杭州吴上牢""丁卯温州开元寺东黄上牢"等。

3. 湖北武汉十里铺北宋墓出土的漆器

1965 年，在湖北省武汉市十里铺发现的北宋墓葬中出土随葬器物44件，其中漆木器有19件。漆器全为木胎，胎较薄，有的极薄，制作精制，漆皮脱落处可见木胎上的细密旋纹。胎外包涂漆灰后髹漆，多为食具，如碗、盘、盏托、钵、果盒等，此外有唾盂、粉盂、盆、木梳、木尺等。

碗有4件，其中六瓣花形两件，内外均为黑漆，黑漆脱落处均露出红漆，为两次所漆。另两件是平折宽唇，弧壁，直圈足。器外黑色，器内赭色。底外壁朱书"丙戌邢家上牢"六字。另外，还有盏托两件、盘两件，均为六瓣花形。钵两件，一为六瓣形，器外壁朱书"己丑襄州邢家造真上牢"十字。一为圆

图 128　武汉十里铺宋墓漆钵之一　　　图 129　武汉十里铺宋墓漆钵之二

图 130　武汉十里铺宋墓漆碗之一　　　图 131　武汉十里铺宋墓漆碗之二

形钵，器壁外朱书"戊子襄州驸马巷西谢家上牢"十二字。果盒一件，内底墨书"庆□□"三字。盒四件，可分为三式，其中一件为六瓣形，器壁外朱书"丁亥邢家上牢"六字。此外，还有盆、唾盂各一件。这批漆器的样式、制作方法和文字书书法与江苏淮安、

图 132　武汉十里铺宋墓漆果盒

图 133　武汉十里铺宋墓漆盒

图 134　武汉十里铺宋墓漆盘

图 135　武汉十里铺宋墓漆盆

图 136　武汉十里铺宋墓漆唾盂

图 137　武汉十里铺宋墓漆盏托

中国古代漆器的发展

无锡等地风格一脉相承。漆器上的文字表明时代为徽宗前后，地点为湖北襄阳。古代文献早有襄阳生产漆器的记述，但一直未见实物，此次出土的漆器使人得以见其风貌。

4. 福建省福州市北郊南宋墓出土的漆器

1975 年，福州市第七中学在该校扩建操场时，发现一座三圹并列的宋墓。该墓出土的随葬物品共418件，有丝麻、漆、竹木、角、棕、金银、铜铁等，其中漆器有漆奁、漆粉盒、漆尺、漆缠线板和漆镜共7件。漆奁为黑色夹纻胎，平面六角葵瓣形，镶银边，分三层，内装铜镜、银盅、粉盒、粉扑、粉块、铜钱、棕刷、银碟、竹刀、银罐、梳子等共33件。漆粉盒三件，黑色夹纻胎，圆形素面，带盖平底，镶铜边。漆尺一件，木质，通体髹黑漆。尺中分两半，一半分划五格，每格一寸，阴刻不同花纹；另一半无划格，仅阴刻梅花一株，纹内填彩。尺两面形制相同。漆缠线板一件，木质，通体髹黑漆，长方形，四角修削凹入，双面阴刻一枝梅花。漆镜架一件，木质，通体髹黑漆，用黑色纹罗带绑结，有可以叉开和紧合的活动支架，叉开时镜可斜放架上。

十三、辽和金的漆器

（一）辽、金漆器的主要特点

辽代和金代的历史较短，都是少数民族建立的政权，且都处于与两宋对峙的状况。因此辽、金时期的器物除了具有传统游牧民族的特点以外，很大程度上都受到中原文化的影响，且基本与宋代风格一致，很有可能是被辽、金所占领的宋人制作的。因此，有的研究者把它归为宋代漆器一类。

（二）辽、金漆器的主要考古发现

1. 辽宁法库叶茂台辽墓出土的漆器

1974 年，辽宁省法库县叶茂台地区发现了一座辽代砖墓，出土的漆器有钵、碗、器盖、奁、梳、大盘、盆、勺、枕等共二十余件。这些漆器器胎的做法主要是两种，一为木胎，大部分是旋木胎，少数器物及某些纹样则加以雕斫；一为卷木夹纻胎。它们的表面颜色，有黑光、朱红和酱红色三种。就制法而言，技术复杂而又较为精美的是盛妆具的瓜棱式奁盒。它是卷木胎，外又糊纻、上漆。外形是平顶上下扣合式，下有圈足。盖与身的周壁还有龛式凹窝，外体黑光，内壁和凹窝处则作红色。盒内还有一个花式盘，垫在盒底上，内底红色，外底黑色。由于胎壁很薄，这种周壁凹花式的做法难度较大，因而工艺价值也较高。还有些漆器口部加套银扣或鎏金银扣。部分漆器上有款识，多在底部，个别在外口下。款识内容与宋代漆器相似，多为制造时间、姓名等。

2. 山西大同金代墓葬出土的漆器

二十世纪五十年代初，山西省大同市发现一座金代墓葬，出土了剔犀奁、漆碗、漆勺、漆粉盒等漆器。其中剔犀奁一件，楠木胎，用燕尾榫斗拼。木胎表里皆铇切平整，先裱糊一层麻布，再饰漆。内用褐红色漆，外为剔犀，通体凸起香草纹，婉转缠绵，布满全奁。奁盖与奁体有子口相扣，内卡托盘一个，托盘四周及底皆为褐红色漆，正面亦饰香草纹剔犀。奁的面及底均用黑漆，中间夹朱漆两层、黑漆一层，朱黑相间。漆碗一件，木胎，褐漆地上绘团花三组。一组为梅花，朱红枝桠上有白色梅花三组、花蕾13个；一组为三只黄色蝴蝶；一组为一丛翠竹。漆器加工技法娴熟，纹饰委婉生动，装饰意味浓厚。

十四、元代的漆器

(一) 元代漆器的主要特点

元代的漆器制造中心仍然是江南一带，这与经济中心是一致的。浙江的嘉兴更是制作雕漆、戗金漆器的中心，江西的吉安（庐陵）则以善制螺钿漆器而闻名。此外，杭州的戗金漆器、苏州的雕漆、福州的剔犀漆器均闻名于世。与此同时，涌现出一批制作漆器的能工巧匠，如长成、杨茂、彭君宝等，这说明手工业进一步的专门化和专业化。

元代的漆器品种种类繁多，最主要的是其中四个，即一色漆器、螺钿漆器、戗金漆器和雕漆。元代的一色漆器与宋代相比，出土数量较少，颜色有黑色、红色、珊瑚红色、褐色等。器形基本上与宋代漆器相同，仅见宋代广为流行的花瓣形盘、碗，到元代则基本消失，代之以圆盘、圆碗。元代的一色漆器漆质光亮，器形端庄，风格质朴。螺钿漆器，镶嵌在漆器上的螺钿有厚与薄之分，因而螺钿漆器有"厚螺钿"与"薄螺钿"之分，又称"硬螺钿"与"软螺钿"。元代以前的螺钿漆器以镶嵌厚螺钿为主，从元代开始，厚、薄螺钿兼而有之。元代制作螺钿漆器最突出的特征为所嵌螺钿均由细小的壳片组成，并具有五光十色的装饰效果。元代的戗金漆器在国内尚未见到实物，而在日本却保存了数件元代珍贵的戗金作品。比较著名的制作地点是嘉兴，多以黑漆为地，以针刻画，或山水树石，或花竹翎毛，或亭台屋宇，或人物故事，构图完整，技艺精湛。元代雕漆相对唐代雕漆而言，有居上之势，取得了令世人瞩目的成就。国内收藏的元代雕漆数量极其有限，还有一部分元代雕漆流失海外。雕漆依据其所雕漆色的不同，分为剔红、剔黑、剔黄、剔绿、剔犀等若干品种。元代雕漆中只有剔红、剔黑、剔犀三个品种，其中又以剔红最多。元代雕漆的器形有圆盒、长方盒、圆盘、八方形盘、葵瓣盘、尊等，以盘、盒为多。其装饰图案有花卉、山水、人物、花鸟等。元代的剔犀作品极少，国内只有安徽博物馆和故宫博物院收藏两件，流失到海外的还有一部分。元代剔犀作品具有粗犷豪放的风格，纹饰简单质朴而刚劲有力。

(二) 元代漆器的主要考古发现

1. 上海市青浦县元代任氏墓出土的漆器

1952 年，上海市青浦县发现元代任氏墓葬，并出土了瓷器、漆器、铜器、金银器、砚台、墓志等遗物共71件，其中漆器7件。漆器中最为突出的是雕漆山水人物圆盒一件，木胎，盒面雕陶渊明东篱采菊图，雕漆呈枣红色。盖面雕头戴巾帽、右手拽杖的老翁伫立于竹篱虬松下，身后有一侍童，双手捧菊，点明东篱采菊之意。盖面图案下以流畅的曲线表现波浪形水纹，盒壁雕刻二方连续回纹。

此盒漆质坚硬，雕工简练浑厚，水波纹纤细精巧，增强了画面的层次感，富有装饰趣味。另有漆奁一件，漆小圆盒四件和漆瓶一件。

2. 北京延庆元代窖藏出土的漆器

1980 年，北京延庆县发现元代窖藏遗址，出土文物数件，其中有一件朱素圆漆盘，是罕见的珍贵文物。漆盘为木胎夹纻，表里髹朱红色，盘底髹黑色，造型淳朴厚重。盘底直书朱楷体字款识三行，中行"内府官物"；右行"泰定元年三月漆匠作头徐祥天"；左行"武昌路提调官同知外家奴朝散"。从漆盘的款识得知，此盘是元泰定元年（1324年）制造，供统治者也就是内府使用的器物。

十五、明代的漆器

（一）明代漆器的主要特点

明代漆器的制作有别于宋元两个朝代。宋元时期民间小规模作坊与官办作坊并存，都进行漆器制作。甚至从实物来看，民间小规模作坊生产的漆器流传下来的更多。而到了明代，官办漆器占据统治地位，民间制漆业仍然存在，但规模较小。明代漆器的品种，在宋元漆器发展的基础上得到突飞猛进的发展，著名的漆器专著《髹饰录》就成书于明代。明代漆器最为发达的、制作量最多的是雕漆，其次是戗金彩漆、戗金漆、描金漆、填漆、螺钿漆、百宝嵌、款彩漆等。明代对手艺人给予较多的人身自由，使漆器制作有了飞跃发展。明朝皇帝十分重视漆器的生产与制作，建立了相关的内府衙门，其中与漆器制作有关的衙门有御前作、内官监和御用监。

明代漆器中，传世品较多，考古发现并不多。

（二）明代漆器的主要考古发现

1.山东邹县明鲁荒王朱檀墓出土的漆器

1970 年至1971年，山东邹县发掘了明鲁荒王朱檀的墓葬。墓中出土了戗金盝顶箱、戗金长方盒、案、剔黄笔杆、戗金夹纻墩式罐、沥粉贴金盝顶匣、夹纻朱漆帽等共8件。戗金盝顶箱一件，木胎，朱漆，箱分三层，中有套斗，下有抽屉，分置冕、弁、袍、靴等。有铁质镶金活页、扣吊、前后两面各有四个提手，箱外壁髹朱漆，四壁及顶上饰戗金团花云龙纹，边饰忍冬纹。戗金长方盒两件，木胎，外壁髹朱漆，饰戗金云纹。其花纹制作与漆箱相同。案一件，通体朱漆，四象鼻腿，案前后面有龙门洞，两侧双撑，腿下连方框托泥。剔黄笔管一件，笔杆与笔帽通体黄漆，雕刻卷云图案。笔杆两端饰有回文泥金环带。笔杆与帽的圆顶雕六瓣旋花，笔帽口沿刻线纹。实际上它是剔黄和泥金两种工艺的结合体。戗金夹纻墩式罐两件，夹纻胎，内外髹黑漆，器表饰戗金几何纹。罐内盛放有黑白玻璃围棋子。沥粉贴金盝顶匣一件，木胎，浅黄色漆地上饰过云龙墨样，再以"沥粉"技艺作隐起浑圆线条，打金胶并贴金。匣内盛放"鲁王之宝"木印，似是专用于随葬的象征品。

2. 江苏省江阴县明墓出土的漆器

1972 年，江苏省江阴县长泾乡发现一座明代墓葬，出土了几件明代漆器。戗金人物花卉漆盒一对，盒作菱花形，盖与盒身大致对称，上下扣合。木胎，髹漆，麻布包口。漆灰较厚，黑漆地戗金。盖面戗刻人物庭园小景，盒盖肩部及腰下戗刻缠枝牡丹花卉，腰间戗刻海波纹间涡纹图案。这对漆盒底部刻有"乙酉年工夫造"六字款识。银胎竹丝编漆碗两件，敞口，圈足，银胎，外以细竹丝编成，竹丝外施黑漆。

十六、清代的漆器

清王朝是我国最后一个封建王朝，其前、中期政治统一，经济强盛。道光以后由于各种矛盾日益深化以及西方列强对中国的掠夺，国力衰微，清王朝逐步走向灭亡。与此相适应，清代康、雍、乾三朝的工艺美术品制作精美，装饰华丽，体现了"康乾盛世"的气魄和时代特点。嘉庆、道光以后，工艺美术的发展走入低谷，其造型、装饰和制作工艺等方面，虽偶尔也有精巧典雅之作，但总体来说水平明显下降，比清朝前期明显衰退。

最能代表清代漆器制作水平的是清宫造办处制作的漆器，工艺精美，品种丰富。有一色漆、描金漆、描漆与描油、描金彩漆、填漆、戗金彩漆、识文、嵌螺钿、百宝嵌、雕漆、犀皮漆、款彩等。清代漆器的发展得到了皇帝的推崇，在清宫内，应用非常广泛，从龙椅宝座到陈设装饰，从日常用品到宗教法器，漆器已经渗透到宫廷生活的每一个领域，各地官员也将漆器作为重要贡品进贡朝廷。

清代的漆器制作以宫廷造办处为中心，集中了全国各地的能工巧匠，具有雄厚的物质和技术基础，制作出的漆器华丽精美，代表了清代漆器工艺的最高水平，同时也体现了皇家的艺术风格及审美情趣。除此之外，全国还有许多地方也制作了具有浓郁地方特色的漆器，如扬州的镶嵌漆器、福建的脱胎漆器、山西的款彩漆器、贵州的皮胎漆器等，还有苏州、杭州、四川、广东、北京等地也都制作了各具特色的漆器，产生了一批著名的工匠，如扬州的卢葵生、福建的沈绍安等。

由于清代时间较近，漆器实物主要是传世品，其中大部分为清宫收藏。

图片来源

图1、2、7、47、48、49、62、63、68、72、113、114、115、116、117、118出自张飞龙：《中国髹漆工艺与漆器保护》，科学出版社，2010年。

图3、5、9、10、12、14、15、16、17、18、19、20、21、22、23、24、32、33、34、37、40、41、42、43、46出自《和光剔采——故宫藏漆》，台北"国立故宫博物院"，2008年。

图4、6、8、11、13、25、26、27、28、29、30、31、35、36、38、39、44、45出自夏更起主编：《故宫博物院馆藏文物珍品大系》（元明漆器、清代漆器），商务印书馆（香港）有限公司、上海科学技术出版社，2006年。

图50、51、52、53、54、55、56、57、58、59、60、61、64、65、66、67、69、70、71出自中国国家博物馆编：《文物中国史》，山西教育出版社，2003年。

图73、74、75、76出自湖北省荆沙铁路考古队：《包山楚墓》，文物出版社，1991年。

图77、78、79、82、83、84、85、86出自《云梦睡虎地秦墓》编写

组：《云梦睡虎地秦墓》，文物出版社，1981年。

图80、81、87、88出自陈振裕：《战国秦汉漆器群研究》，文物出版社，2007年。

图89、90、91、92、93、94、95、96、97、98、99、100、101、102、103、104、105、106、107、108、109、110、111、112出自湖南省博物馆、中国科学院考古研究所：《长沙马王堆一号汉墓（上下集)》，文物出版社，1973年。

图119、120、121、122、123出自蒋赞初：《谈杭州老和山宋墓出土的漆器》，《文物》1957年第7期。

图124、125、126、127出自罗宗真：《淮安宋墓出土的漆器》，《文物》1963年第5期。

图128、129、130、131、132、133、134、135、136、137出自湖北省文化局文物工作队：《武汉市十里铺北宋墓出土漆器等文物》，《文物》1966年第5期。

参考文献

张荣：《20世纪中国文物考古发现与研究丛书——古代漆器》，文物出版社，2005年。

李泽奉、刘如仲主编，陈丽华编著：《古漆器鉴赏与收藏》，吉林科学技术出版社，1996年。

洪石：《战国秦汉漆器研究》，文物出版社，2006年。

陈振裕：《中国历代漆器工艺的继承与发展》，《江汉考古》2000年第1期。

河姆渡遗址考古队：《河姆渡遗址第一期发掘报告》，《考古学报》1978年第1期；《浙江河姆渡遗址第二期的主要收获》，《文物》1980年第5期。

浙江省文物考古研究所反山考古队：《浙江余杭反山良渚墓地发掘简报》，《文物》1988年第1期。

浙江省文物考古工作队：《余杭瑶山良渚文化祭坛遗址发掘简报》，《文物》1988年第1期。

河北省博物馆：《河北藁城县台西村商代遗址的重要发现》，《文物》1974年第8期。

湖北省博物馆等盘龙城发掘队：《盘龙城一九七四年度田野考古纪要》，《文物》1976年第2期。

河南省信阳地区文管会、河南省罗山县文化馆：《罗山天湖商周墓地》，《考古学报》1986年第2期。

中国社会科学院考古研究所安阳工作队：《安阳小屯村北的两座殷代墓》，《考古学报》1981年第4期。

中国社会科学院考古研究所琉璃河考古队：《1981—1983年琉璃河西周燕国墓地发掘简报》，《考古》1984年第5期。

山东省博物馆：《临淄郎家庄一号东周殉人墓》，《考古学报》1977年第1期。

山西省考古研究所：《山西长子县东周墓》，《考古学报》1984年第4期。

湖北省博物馆、中国社会科学院考古研究所：《曾侯乙墓（上、下）》，《中国田野考古报告集——考古学专刊》，文物出版社，1989年。

湖北省荆沙铁路考古队：《包山楚墓》，文物出版社，1991年。

河南省文物研究所、中国社会科学院考古研究所：《信阳楚墓》，《中国田野考古报告集——考古学专刊》，文物出版社，1986年。

湖南省博物馆：《长沙浏城桥一号墓》，《考古学报》1972年第1期。

《云梦睡虎地秦墓》编写组：《云梦睡虎地秦墓》，文物出版社，1981年。

湖北省博物馆、孝感地区文教局、云梦县文化馆汉墓发掘组：《湖北云梦西汉墓发掘简报》，《文物》1973年第9期。

长江流域第二期文物考古工作人员训练班：《湖北江陵凤凰山西汉墓发掘简报》，《文物》1974年第6期。

湖南省博物馆、中国科学院考古研究所：《长沙马王堆一号汉墓（上下集）》，文物出版社，1973年。

南京博物院：《江苏盱眙东阳汉墓》，《考古》1979年第5期。

山东省博物馆、临沂文物组：《临沂银雀山四座西汉墓葬》，《考古》1975年第6期。

广州市文物管理委员会、中国社会科学院考古研究所、广东省博物馆：《西汉南越王墓（上下册）》，文物出版社，1991年。

安徽省文物考古研究所、马鞍山市文化局：《安徽马鞍山东吴朱然墓发掘简报》，《文物》1986年第3期。

江西省博物馆：《江西南昌晋墓》，《考古》1974年第6期。

江西省文物考古研究所、南昌市博物馆：《南昌火车站东晋墓葬群发掘简报》，《文物》2001年第2期。

南京大学历史系考古组：《南京大学北园东晋墓》，《文物》1973年第4期。

山西省大同市博物馆、山西省文物工作委员会：《山西大同石家寨北魏司马金龙墓》，《文物》1972年第3期。

固原县文物工作站：《宁夏固原北魏墓清理简报》，《文物》1984年第6期。

赵光剑：《退光漆工艺介绍》，《中国生漆》1991年第3期。

扬州博物馆：《唐代扬州木桥遗址清理简报》，《文物》1980年第3期。

荆州地区博物馆：《湖北监利县出土一批唐代漆器》，《文物》1982年第2期。

陕西省法门寺考古队：《扶风法门寺塔唐代地宫发掘简报》，《文物》1988年第10期。

冯汉骥：《前蜀王建墓出土的平脱漆器及银铅胎漆器》，《文物》1961年第11期。

扬州博物馆：《江苏邗江蔡庄五代墓清理简报》，《文物》1980年第8期。

苏州市文管会、苏州博物馆：《苏州市瑞光寺发现一批五代、北宋文物》，《文物》1979年第11期。

湖州市飞英塔文物保管所：《湖州飞英塔发现一批五代、北宋文物》，《文物》1994年第2期。

蒋赞初：《谈杭州老和山宋墓出土的漆器》，《文物》1957年第7期。

罗宗真：《淮安宋墓出土的漆器》，《文物》1963年第5期。

湖北省文化局文物工作队：《武汉市十里铺北宋墓出土漆器等文物》，《文物》1966年第5期。

福建省博物馆：《福州市北郊南宋墓清理简报》，《文物》1977年第7期。

辽宁省博物馆发掘小组、辽宁铁岭地区文物组：《法库叶茂台辽墓记略》，《文物》1975年第12期。

中央工艺美术学院陈增弼、大同市博物馆张利华：《介绍大同金代剔犀奁兼谈宋金剔犀工艺》，《文物》1985年第12期。

上海博物馆沈令昕、许勇祥：《上海市青浦县元代任氏墓葬记述》，《文物》1982年第7期。

高桂云：《元代"内府官物"漆盘》，《文物》1985年第4期。

山东省博物馆：《发掘明朱檀墓纪实》，《文物》1972年第5期。

杨伯达：《明朱檀墓出土漆器补记》，《文物》1980年第6期。

孙宗璟、姚世英：《江苏省江阴县明墓出土戗金漆盒等文物》，《文物》1985年第12期。

延伸阅读书目

张荣：《20世纪中国文物考古发现与研究丛书——古代漆器》，文物出版社，2005年。

李泽奉、刘如仲主编，陈丽华编著：《古漆器鉴赏与收藏》，吉林科学技术出版社，1996年。

洪石：《战国秦汉漆器研究》，文物出版社，2006年。

聂非：《中国古代漆器鉴赏》，四川大学出版社，2002年。

王世襄：《髹饰录解说》，文物出版社，1983年。

陈振裕：《楚文化与漆器研究》，科学出版社，2003年。

胡伟庆：《溢彩流光：中国古代漆器巡礼》，四川教育出版社，1998年。

周世荣：《长江漆文化》，湖北教育出版社，2004年。

朱小禾、何艳：《漆器工艺》，重庆大学出版社，2009年。

郑师许：《漆器考（再版）》，中华书局，1937年。